존 워너메이커
백화점왕이 된 아이

올리브 버트 지음
해리 리스 그림
오소희 옮김

차례

1. 크리스마스카드   ...9

2. 감자를 어떻게 구할까   ...24

3. 세인트 패트릭의 날 잔치   ...39

4. 실 사러 가다   ...52

5. 빨간 가죽 성경책   ...74

6. 벽돌 뒤집기   ...83

7. 돈을 쉽게 버는 방법   ...94

8. 서부로 간다!   ...108

9. 사과 팔기 ...128

10. 새로운 시장 ...140

11. 다시 벅스 로드로 ...151

12. 위대한 상인 ...163

13. 축복을 많이 받은 사람 ...171

　　여러분, 기억하나요? ...178

　　존 워너메이커가 살던 시절 ...179

네 점심으로 달걀 케이크를 넣었어.

1
크리스마스카드

조니 워너메이커는 폭신한 누비이불 아래서 코를 빼꼼히 내밀었다. 새벽 동이 트기 시작할 무렵이었다. 창살에 서리가 끼고 하늘이 어두침침한 걸 보자, 존은 따스한 깃털 침대 속으로 다시 들어가버렸다. 일어나고 싶지 않았다. 오늘은 학교도 가기 싫었다. 집에서는 재미난 일이 일어날 텐데, 그걸 놓치고 싶지 않았다.

조니 옆에는 동생 윌리가 몸을 웅크렸다. 그는 잠에서 깼지만 잠이 완전히 가시지 않았다. 조니가 동생에게 바

짝 다가가서 누웠다. "넌 좋겠다!" 그가 뾰로통하게 말했다. "학교 안 가도 되고! 그러니까 집에서 재미나게 놀 수 있잖아!"

윌리는 너무 졸려 아무 대답이 없었다. 조니는 계속 투덜거렸다. "아, 학교에 안 가도 된다면 얼마나 좋을까! 내가 곧 일곱 살이 되는 대신 너처럼 다섯 살이었으면……. 그러면 오늘 학교 안 가도 될 텐데."

평소에는 조니는 학교에서 친구들과 노는 것을 좋아했다. 그 친구들 중에는 사촌들이 여러 명 있었는데 형제자매들이나 다름없었다. 심슨 선생님은 화날 때만 아니면 그럭저럭 괜찮았다. 그러나 오늘은 달랐다. 크리스마스 전날이기 때문이다!

또다시 조니는 이불에서 코를 내밀고 킁킁거렸다. 그렇다. 오늘은 특별한 날이다. 냄새만 맡아도 알 수 있다. 부엌에서는 어머니가 부산하게 움직이는 소리가 들렸고, 맛좋은 음식 냄새가 이층으로 올라왔다. 그는 부엌에 가서 구경하고 싶었다. 워너메이커 집에는 공휴일이 많지 않았다. 그래서 조니는 공휴일이 되면 마음껏 즐기고 싶었다.

오늘은 크리스마스 못지않게 신나는 날이다. 어머니는

과일 쿠키, 호두를 넣은 생강 쿠키, 잼 쿠키를 구울 것이다. 조니는 생각만 해도 입에서 침이 돌았다. 그리고 코체스퍼거 할머니가 향긋한 네덜란드 음식을 가지고 오실 것이다. 그녀는 웃으며 아이들에게 한 입씩 먹어보라고 주실 것이다.

1844년 조니가 살던 미국의 크리스마스는 비록 좋은 선물이나 돈은 없었지만 먹을 것은 많이 있었다.

아, 또 돈 생각이 났다! 조니는 돈 생각을 하지 않으려고 했지만, 걸핏하면 머리에 떠올랐다. 오늘 아침 그는 1페니가 절실히 필요했는데, 어떻게 해야 그것을 벌 수 있을지 알 수가 없었다.

그것도 조니가 학교에 가기 싫은 또 하나의 이유였다. 어제 심슨 선생님은 부모님께 드릴 크리스마스카드를 만들자고 했다. 그러려면 한 사람당 1페니를 가져와서 종잇값을 내야 한다.

조니는 따스한 침대 속으로 더 깊이 파고들었다. 겨울에는 1페니를 손에 쥐어본 적이 거의 없었다. 눈이 쌓이면, 아버지는 벽돌 공장 일을 할 수가 없다. 그러면 돈은 더 보기 어려워진다. 물론 조니가 어머니에게 달라고 하면

1페니를 주실 것이다. 그러나 그건 마치 어머니에게 드릴 크리스마스카드를 직접 사라고 하는 것과 같지 않은가!

"어떻게든 내가 그 종이를 사야 해." 조니가 중얼거렸다. '아, 뭔가 다른 사람에게 팔 수 있는 게 있다면!'

그런 생각을 하고 있을 때 아래층에서 어머니가 부르는 소리가 들렸다. 아무리 안달해봐야 소용없다. 그는 학교에 가야 하고, 달리 어찌할 방도가 없었다.

그는 이불을 확 젖히고 누비 카펫 위로 껑충 뛰어 내렸다. 방 안은 거의 바깥만큼 추웠다. 그는 바닥에 차곡차곡 놓인 옷을 집어 들었다. 그리고 맨발로 온 힘을 다해 아래층으로 뛰어 내려갔다.

그리고 따뜻한 부엌에 들어가면서 문을 쾅 닫았다. 커다란 벽난로로 뛰어가 옷을 입었다. 조니를 따라서 뛰어 내려온 윌리가 벽난로 맞은 쪽에서 옷을 입었다. 불이 타닥거렸다. 옷은 얼음처럼 차가 왔다.

벽난로 가운데 걸려 있는 큰 냄비에서는 옥수수 죽이 즐거운 듯 보글거렸다. 모두 식탁에 앉기 전에 바닥에 무릎을 꿇고 기도를 드렸다.

"서둘러라, 조니!" 잠시 후 어머니가 말했다. "아빠가 썰매수레를 말에 묶고 계시니까 널 학교에 데려다 주실 거야."

조니는 기침이 나오는 시늉을 했다. 그는 기관지가 약해서 기침을 자주 했다. 그럴 때면 어머니는 학교에 가지 말고 집에서 쉬라고 하셨다. 그는 혹시나 하면서 어머니를 쳐다 보았다.

어머니는 날카로운 눈빛으로 조니를 쳐다봤다. "무슨 일이야, 조니? 설마 크리스마스 전날 기침하는 건 아니겠지? 지금은 아플 때가 아니야!"

"집에 있고 싶어요." 조니가 말했다. "크리스마스 준비를 도와드릴게요. 윌리는 집에서 스파이스 케이크 반죽과 아이싱을 맛보잖아요. 반죽에 건포도를 넣고 휘휘 젓고 손가락에 묻은 걸 빨아먹고 히코리넛을 두들겨 깨고……."

어머니가 웃었다. "그러다가 손가락을 두들겨 다치고? 스파이스 케이크라면, 조니, 이것 봐! 네 점심으로 달걀 케이크를 넣었어. 스파이스 케이크 반죽으로 만든 거야. 네가 제일 좋아하는 케이크라 오늘 제일 먼저 만들었지."

 썰매수레: 짐수레에 바퀴 대신 썰매 날을 달아서 눈 위를 달렸다.
 아이싱: 케익을 하얗게 덮는 크림 같은 것

어머니는 달걀 케이크를 들어서 보여주었다. 그녀는 케이크를 만들 때 항상 시험 삼아 작은 케이크를 구웠다. 벽난로 옆에 붙어있는 오븐이 온도가 적당한지 시험해보기 위해서였다. 살짝 구멍을 낸 달걀 껍데기에 반죽을 한 숟가락 넣고 그것을 구웠다. 그러면 달걀 크기만한 케이크가 만들어진다. 조니는 열심히 냄새를 맡았다. 지금 당장 그걸 먹고 싶었다.

조니가 두둑한 아침을 채 다 먹기도 전 마당에서 썰매 종소리가 들렸다. 그는 마지막 남은 빵을 입안에 쑤셔 넣었다. 그리고 냅킨에 싼 점심을 집었다.

"외투 입어야지, 조니! 벙어리장갑과 모자도! 기침이 나온다구? 옷을 반밖에 안 입고 나가니 당연하지!" 어머니가 말했다. "장화도 신어. 아빠는 너 없이는 안 떠나실 테니." 어머니는 조니가 두꺼운 외투 입는 것을 도와주었다.

"다녀올게요, 엄마!" 조니가 말했다. "학교에 가는 게 좋겠어요. 집에 있으면 뭐하겠어요? 학교에서도 크리스마스 준비를 할 테니까요." 그는 얼른 어머니 볼에 입을 맞췄다. 그리고 밖으로 달려나가 큰 썰매수레에 올라탔다.

냅킨: 식사 때 사용하는 손수건 같은 헝겊

그는 1페니에 대해서 잊어버렸다.

날씨가 매섭게 추웠기 때문에 아버지는 단단히 옷을 입고 썰매 앞에 서 있었다. 그리고 벙어리장갑을 낀 손에 고삐 줄을 잡고 있었다.

"여기 내 옆에 올라타라, 조니." 그가 말했다. "길옆에 서 있는 아이들이 있나 잘 봐라. 눈이 이렇게 많이 왔으니 걸어갈 수는 없어."

조니는 썰매 앞자리에 앉았다. 썰매는 두둑이 쌓인 눈 위를 굴러갔고, 조니는 두 손으로 의자를 단단히 잡았다. 자욱한 안개가 끼어 있었다. 조니는 추워서 부르르 떨었다. 눈에 보이는 모든 게 다 추워 보였다.

멀리 나무가 나란히 서 있는 모습이 보였다. 너무 멀어서 마치 검은색 풀처럼 보였다. 조니는 그 나무들이 델라웨어 강가에 서있는 나무들이란 걸 알았다. 이 길을 계속 따라가면 샛강 두 개가 만나고 그 근처에 코체스퍼거 할머니 집이 있다.

그러나 조니가 바라보고 있는 것은 필라델피아 시였다. 그들 바로 앞에 약간 북쪽으로 멀리 보이는 그 도시. 춥고 냉랭한 공기 속에 뾰족탑과 뾰족한 지붕들이 겨울 하늘을 찌르고 있었다. 아, 그 도시! 조니의 눈빛이 빛났다. 필라델피아는 황홀한 도시였다. 여름이 오면 조니는 다시 한 번 거기 갈 기회가 있을 것이다. 아버지가 오늘 아이들을 태우고 학교에 가는 대신 그 도시로 곧장 갔으면…….

조니는 두 손으로 의자를 단단히 잡았다.

길 모퉁이에서 제이콥 롱과 그 어린 동생 존 롱이 기다리고 있었다.

"올라타!" 조니가 소리쳤다. 아버지는 어이! 하면서 고삐를 잡아당겨 말을 세웠다. "1페니 구했어, 제이크?"

제이콥은 조니의 사촌이면서 제일 친한 친구였다. 학교 친구들은 대부분 다 조니의 친척이었으나, 제일 친한 친구는 딱 한 명이었다. 만일 제이콥이 1페니를 못 구했다면 조니에게 위로가 되었을 것이다.

그러나 제이콥은 고개를 끄덕거렸다. "엄마가 우리 둘 다 1페니씩 주셨어."

조니는 아무 말도 하지 않았다. 제이콥과 어린 존이 자기 어머니에게 드릴 크리스마스카드를 직접 사시라고 부탁하는 게 뭐가 잘못인가! 하지만 그의 눈에서는 눈물이 찔끔 날 것 같았다.

내일 크리스마스 잔치에 모든 친척이 다 모이면, 부모들은 자기 자녀들에게서 받은 카드를 자랑한다. 그러면 조니 어머니만 아무 것도 보여줄 것이 없게 된다. 어머니가 카드를 받지 못하면 실망하실까? 조니가 어머니를 사랑하지 않는다고 생각하실까?

"저기 영 존과 수잔이 있다!" 제이콥이 손가락으로 가리키며 외쳤다.

제이크: 제이콥의 애칭

그들은 조니의 삼촌과 고모였다. 조니의 친할머니인 워너메이커 할머니는 아주 오래 전에 돌아가셨다. 그리고 존 할아버지는 다시 결혼을 했다. 엘리자베스 할머니는 조니가 아주 좋아하는 분이었다. 영 존은 아홉 살이고, 수잔은 조니와 동갑이어서 형제자매 같았다.

"1페니 구했어, 수잔?" 수잔이 썰매에 오르자마자 조니가 물었다.

수잔이 끄덕거리며 벙어리장갑을 낀 손으로 동전을 들어보였다. "넌?"

조니는 천천히 고개를 흔들었다.

썰매가 눈 위를 굴러가며 징글벨 종소리가 울리자 제이콥이 노래를 시작했다. 조니는 워너메이커 집안에 존이란 이름을 가진 친척들을 놓고 노래를 만들었다. 그는 돈에 대해서는 잊은 채 목청껏 노래를 함께 불렀다.

**할아버지 존
그의 아들 영 존
어린 존 롱
그리고 나도 존!**

그들은 곧 판재로 지은 학교에 도착했다. 아이들이 차례차례 수레에서 내리며, 워너메이커 씨에게 손을 흔들었다. 그는 집에 돌아가려고 말을 돌렸다. 그리고 아이들은 학교 건물로 옹기종기 들어갔다. 건물 안에 가구라고는 기다란 나무 벤치 밖에 없었다.

교실 앞 쪽에는 장작을 태우는 큰 난로가 있었다. "심슨 선생님이 따뜻하라고 있는 난로야." 제이콥이 농담을 했다. 아이들은 난로 주변에 서서 외투, 목도리, 장화를 벗으며 몸을 녹였다.

심슨 선생님은 목도리, 모자, 실로 뜨게질 한 외투를 입은 채 책상에 구부리고 앉아 있었다. 코는 얼어서 빨갛고 눈에는 추위 때문에 눈물이 고여 있었다.

"선생님께서 몹시 시장하신 것 같아." 조니가 단짝에게 소곤거렸다.

제이콥이 심각한 표정으로 끄덕였다. "아빠가 그러시는데 어떤 집에서는 선생님께 음식을 넉넉히 드리지 않는대. 어떤 사람들은 구두쇠라서 그렇고, 어떤 사람들은 자기들 먹을 것도 없어서 그렇대. 지금같은 겨울이 되면 누

판재로 지은 집은 통나무 집보다 더 좋은 건물이었다.

구든지 음식이 궁한 건 사실이야."

조니는 그게 무슨 말인지 잘 알았다. 아무도 선생님에게 월급을 줄 사람이 없었다. 그래서 선생님은 돈 대신 음식을 받았다. 워너메이커 집안 사람들은 아무리 감자 통이 바닥나고 훈제실이 텅 비어도, 선생님께 드릴 몫은 단단히 챙겨드렸다.

갑자기 존에게 아이디어가 떠올랐다. 그는 난로 옆에 옹기종기 모여있던 아이들에게서 슬며시 빠져나가 선생님께로 갔다. 손에 도시락을 들고 갔다. 그는 선생님께 이렇게 말했다. "1페니가 없어요."

"그러면 넌 크리스마스카드 못 만들겠구나." 선생님이 쌀쌀맞게 말했다.

"하지만 다른 게 있어요." 조니는 점심을 싸고 있던 헝겊을 열어 작은 달걀 케이크를 꺼냈다. "이건 엄마가 최고로 맛있는 케이크 반죽으로 만드신 거예요. 진짜 맛있어요. 냄새 한번 맡아보세요." 그는 선생님 코 밑에 케이크를 갖다 댔다.

심슨 씨가 코를 킁킁거렸다. 그의 파란 눈이 빛났다.

훈제실: 고기를 연기에 그슬려 저장하는 곳

"어라?" 그가 말했다. "그런데 이걸로 날 놀릴 셈이냐?"

"아니에요. 이 케이크로 종잇값을 대신하고 싶어요, 선생님. 틀림없이 1페니 가치는 있어요. 속에 건포도도 들었고, 향료도 잔뜩 들었어요."

"나도 코가 있어. 냄새만 맡아도 안다." 심슨 씨가 되받았다. "1페니 가치가 있다고 했니? 그런 것 같긴 하구나. 좋아, 그럼 종이와 바꾸자. 하지만 다른 사람들에게는 절대 말하지 마라, 알겠니? 그랬다가는 모두 점심 부스러기를 가져와서 종이와 맞바꾸자고 할 테니. 자, 여기 1페니 동전 받아라!"

"점심 부스러기라고요!" 조니가 화가 나서 말했다. 그리고 달걀 케이크를 가지고 돌아섰다.

"기분 나빠하지 마라, 존." 선생님이 상냥하게 말했다. "네 경우는 달라. 솔직히 내가 더 이익인 게 분명해. 네 어머니가 케이크를 얼마나 잘 만드시는지 내가 잘 알 거든."

조니는 그 향기로운 미니 케이크를 선생님 책상에 놓고 자리로 돌아갔다. 크리스마스카드 만드는 시간이 되자 심슨 씨는 작고 네모난 종이를 조니 책상 위에 놓았다. 종이 위쪽에는 천사가 노래하는 그림이 그려져 있었다.

"존, 넌 아직 글씨 쓸 줄 모르니까." 선생님이 말했다. "내가 연필로 글씨를 흐리게 써 놨다. 그 위에 잉크로 베끼면 돼. 망치지 않게 조심해야 한다. 잉크 방울을 떨어트리면 금세 종이에 번져버리니까."

조니는 기다란 깃털 펜을 쥐었다. 그는 매우 조심하면서 심슨 선생님이 써놓은 글씨를 그대로 베꼈다. 다 쓰고 나서 그 위에 모래를 뿌려서 잉크를 말렸다. 잉크는 하나도 번지지 않았다.

그는 제이콥과 수잔의 카드를 보았다. 자기 것이 더 예뻤다.

그날 저녁 그는 집에 와서 어머니께 그 카드를 드렸다.

"엄마, 받으세요!" 그가 말했다. "엄마 드리려고 학교에서 만들었어요."

"어머나, 예뻐라!" 어머니가 감탄했다. "크리스마스 성경 구절도 있구나. '세상에서 가장 아름다운 아기.' 내가 좋아하는 말이야."

조니가 침을 꿀꺽 삼켰다. "뭐라고 쓰여 있어요?"

어머니가 몸을 굽혀 그에게 팔을 둘러 안았다. "하늘에는 영광, 땅에서는 기뻐하심을 입은 사람들 중에 평화로

다!" 그녀가 작은 소리로 말했다. "정말 좋은 선물이구나, 조니. 그런데 그 예쁜 종이를 살 돈이 어디서 났지? 그리고 어떻게 그렇게 글씨를 예쁘게 썼니?"

조니가 빙긋이 웃었다. "비밀이에요!"

그는 매우 기뻤다. 내일 어머니는 그 카드를 다른 손님

조니의 크리스마스카드

들에게 보여드릴 것이다. 다른 아이들은 모두 어머니에게 받은 돈으로 카드를 만들었다. 그러니까 조니 어머니만 진짜 선물을 받은 것이다. 오직 조니만 종이 살 돈을 직접 번 것이다.

2
감자를 어떻게 구할까

"펜실베니아주의 남동부 구석에 위치한 이 지역에는 문제가 딱 한 가지 있지." 어느 따스한 봄날, 심슨 선생님이 말했다. "아일랜드 사람들이 너무 적어서 같이 축하할 사람이 없으니 너무 외로워."

그는 작은 학교 교실을 둘러보았다. 학생들은 기다란 벤치에 앉아 있었고 그 앞에는 나무로 만든 높은 책상이 있었다. 워너메이커, 드숑, 롱, 코체스퍼거, 슈미츠, 헌시커

집안에서 온 아이들이었다. 그러나 '맥'이나 '오'가 들어가는 집안의 아이는 단 한 명도 없었다.

어린 존 워너메이커가 손을 들었다. "심슨 선생님은 아일랜드 사람이신가요?"

"내가 아일랜드 사람이냐고?" 선생님이 퉁명스럽게 되물었다. "두말하면 잔소리라 아이가! 내 아일랜드 사람이래이! 내 머리칼 보래이. 빨갛재? 내 볼 좀 보래이. 옛날 아일랜드 사람같이 빨갛지 않나 말이다."

조니가 선생님을 유심히 관찰했다. 그는 심슨 씨가 아일랜드 사람이라는 사실에 놀랐다. 분명 선생님은 아일랜드 사람처럼 모래같이 밝은색 머리칼이고, 게다가 오늘은 말도 아일랜드 사람처럼 했다. 하지만 지금까지 그는 다른 펜실베니아 사람들과 똑같은 말투를 사용했다. 조니는 선생님이 틀림없이 아일랜드 사람이 아니며 단지 흉내를 낼 뿐이라고 생각했다.

"네덜란드 사람도 아일랜드 사람 만큼 좋은 사람들 아닌가요?"

심슨 씨가 안됐다는 듯 고개를 저었다. "너희가 네덜란

'맥'도널드나 '오'브라이언과 같은 이름은 아일랜드에서 흔한 이름이다.

드 사람이 아니라 아일랜드 사람이라면, 이 위대한 성일을 제대로 기념할 텐데 말이야. 하지만 다 틀렸어. 나 혼자 기념하면 무슨 재미가 있겠어!"

"무슨 위대한 성일 말인대요, 심슨 씨?" 수잔이 물었다. "3월에도 명절이 있는 줄 몰랐는대요."

선생님이 애석하다는 듯 대답했다. "아, 내가 기념하고 싶은 날은 다름 아니라 저 훌륭한 세인트 패트릭의 날이지. 다음 주 화요일, 옛날 아일랜드 수호 성자의 날이야. 그런데 너희들은 그 날이 3월이란 것조차 모르다니!"

조니는 선생님이 가엾게 느껴졌다. 크리스마스나 독립기념일이면 이웃에 사는 가족들이 모두 모여 축하를 한다. 그러니 혼자서 명절을 축하해야 한다면 정말 슬픈 일일 것이다. 그 순간 선생님은 근처에 친척이 한 명도 없다는 사실이 떠올랐다.

그가 손을 들고 흔들었다. "제가 축하하는 걸 도와드릴게요, 심슨 씨!" 그가 소리쳤다.

선생님은 조니를 쳐다보았다. 그 어린 소년은 높다란 책상 뒤에 가려 거의 보일락말락 하였다. 오직 반짝거리는 눈과 밤색 머리칼만 책상 위로 보였다. 조니의 책상은 너무 높아서 그는 책상에 대고 글씨를 쓰기가 어려웠다. 그래서 그는 무릎에 석판을 놓고 책상 아래서 글씨를 썼다.

갑자기 선생님 얼굴에 빛이 감돌았다. "오메, 이거야말로 해답이 아니고 뭐겠노?" 그는 거의 소리를 칠 뻔했다. "네가 축하하는 걸 도와주겠다! 그럼 우린 명절을 기념하는 거야. 내가 그 유명한 아이리시스튜를 끓여주지. 네 평생 그런 건 처음 맛볼 거다!"

아이들이 신이 나서 키득거렸다. 그들은 서로서로 소곤거리기 시작했다. 정말 재밌겠다. 심슨 씨가 아일랜드 사람이라면, 그들 모두 도와서 세인트 패트릭의 날을 즐겁게 보내야 한다. 그런데 그 스튜가 먹고 싶어 별안간 심슨 씨가 자기는 아일랜드 사람이라고 말하는 건가? 어쨌든 그들은 최대한 힘을 합해서 그 명절을 즐겁게 보내야겠다.

"이제 그만! 조용히!" 심슨 씨가 자를 책상에 대고 날카롭게 두들겼다. "내가 그 훌륭한 세인트 패트릭 얘기를 들려주지. 그러면 너희는 왜 우리가 그 날을 기념하는지 알게 될 거다. 그리고 너희들도 그 명절을 기념하고 싶

석판: 짐토로 만든 판. 종이가 귀한 시절 공책 대신 사용했다.

을 거다."

 아이들은 조용해졌다. 심슨 씨는 다시 아일랜드 사투리로 말했다. 그 성자 패트릭이 어떻게 아일랜드에 기독교를 가져왔으며 어떻게 그 섬에서 뱀들을 다 쫓아내버렸는지 얘기해주었다.

 연 푸른 그의 눈동자에 웃음이 서렸다. "그 이후로 진정한 아일랜드 사람은 아이리시스튜를 한 솥 가득 끓여서 그날을 기념하지. 우리가 다음주 화요일에 바로 그렇게 할 거야. 내가 큰 대구를 한 마리 가져오지. 우리 모두 한 조각씩 먹을 수 있도록 아주 큰 놈 말이야. 학교 마당에 모닥불을 피우고 무쇠 냄비에 그걸 끓이는 거야. 너희들은 감자를 가져와라. 많이 가져와. 소녀들과 선생님도 나누어 먹을 수 있게 말이야. 스튜는 감자가 들어가야 제 맛이야. 으음…… 지금 그 맛을 못 느끼겠니? 뜨겁고 구수한!
 잊지 마라. 이 거대한 아일랜드 축제에 한몫 끼려면, 모두 준비를 잘 해 와야 한다. 숙녀들은 특별대접을 해주자. 우리가 대구와 감자를 준비하는 거야. 그러면 숙녀들은 빵과 버터만 가져오면 돼. 피클과 잼과……."

 "파이도요!" 조니가 소리쳤다. 그는 펜실베니아주에서

는 파이가 빠진 축제란 아무 맛이 없다고 생각했다.

"파이!" 심슨 씨가 되받았다. "훌륭한 세인트 패트릭이 펜실베니아식 과일 파이를 맛본 적은 없을 것 같지만, 그래도 괜찮아. 부디 숙녀들은 그걸 가져다 줘. 그리고 각자 덜어먹을 국그릇과 접시는 물론이고!"

그날 저녁 학교에서 집까지 가는 길에 아이들은 온통 축제 얘기만 했다. 그날은 금요일이었다. 주말 내내 그 생각을 하며 좋아할 것이다.

조니와 그의 사촌 제이콥 롱은 학교에서 나오자 구두를 벗었다. 구두 끈을 서로 묶은 뒤 목에 걸었다. 지난 며칠 동안 해가 따뜻하게 비쳤고, 벅스 로드는 아제 질퍽해졌다. 그래서 구두가 진흙으로 더러워지는 것을 막기 위해서였다. 게다가 맨발로 걷는 게 더 편했다.

발가락 사이로 부드럽고 뜨듯한 진흙이 삐져 올라왔다. 두 소년은 발가락을 넓게 펴고 힘주어 걸었다.

"감자를 구할 수 없을 것 같아." 이윽고 조니가 말했다. "작년 감자 농사가 안 좋았어. 그래서 지하실에 감자를 많이 넣지도 못했고, 지금은 몇 개 밖에 안 남았거든."

"우리 집에는 한 개도 없어." 제이콥이 천천히 말했다.

"축제날 학교에 빠질가봐."

"안 돼. 방법을 한번 생각해보자."

그들은 말없이 계속 걸어갔다. 삐직삐직 발가락 사이로 진흙이 삐져 올라오는 소리만 들렸다. 조니는 그 소리에 귀를 기울였다. 그 소리는 어쩌면 조니에게 아이디어가 떠오르도록 도와줄지도 모른다.

별안간 그가 멈추더니 제이콥의 팔을 붙들었다. "들어봐, 제이크!" 그가 흥분해서 말했다. "교차로 홀소플 씨 가게에는 감자가 있어. 아빠와 거기 갔을 때 봤어. 가서 우리가 그 감자를 사자. 우리에게 감자를 팔게 할 수 있을 것 같아."

"우리는 돈 한 푼 없는데 왜 우리에게 그걸 팔겠어?" 제이콥이 물었다.

"돈이 없어도 물건을 살 수 있어." 조니가 대답했다. "너도 알잖아. 우리 아빠는 벽돌을 주고 설탕과 옷과 여러 가지를 사시잖아. 우린 자주 달걀을 주고 물건을 산다구."

"맞아. 하지만 우린 벽돌도, 달걀도 없잖아." 제이콥이 툴툴거렸다. "맞바꿀 물건이 아무 것도 없다구. 그가 절대로 우리에게 공짜로 주진 않을 테니까."

조니가 인상을 찡그렸다. 생각을 하느라 신경을 곤두세웠다. "어젯밤에 황소개구리 소리 들었어? 내일 저녁 악어 연못에 가면 틀림없이 황소개구리를 잡을 수 있을 거야. 개구리 다리랑 감자랑 맞바꾸는 거야. 바로 그거야! 홀소플 씨는 개구리 다리를 좋아한다구!"

조니는 흥분하면 말을 아주 빨리 했다. 제이콥이 고개를 끄덕였다. 그도 점점 흥분이 되었다. "좋아. 한번 해보자. 내일은 토요일이야. 그러니까 학교를 일찍 파하고, 그러면 우린 오후 내내……"

"어린 존이나 영 존이나 아무에게도 말하지 마." 조니가 계속 말했다. "큰 소년들이 이걸 알면, 먼저 연못에 갈 것이고, 그럼 우린 잡을 개구리가 없어."

맑고 화창한 토요일 오후였다. 조니와 제이콥은 학교에서 서둘러 집으로 왔다. 그들은 작업복으로 갈아 입은 뒤 슬그머니 악어 연못으로 갔다. 각각 헝겊 자루를 어깨에 둘러맸다.

일단 연못에 오면 그들은 어떻게 하는지 잘 알았다. 회색 진바지를 무릎까지 걷어 올렸다. 발은 맨발이었다. 연못 가장자리의 차갑고 미끌거리는 찰흙바닥으로 들어갔다

그러다 별안간 조니가 확 덮치더니 그 크고
살찐 놈을 손에 거머쥐었다.

다. 그들은 매우 조심해서 연못가 갈대 사이를 걸어갔다. 개구리가 있는지 샅샅이 뒤졌다.

조니가 먼저 개구리를 보았다. 크고 살찐 놈이 돌멩이 위에 앉아 일광욕을 즐기고 있었다. 흰색 목덜미가 울룩불룩 거렸다. 조니는 손을 내밀어 제이콥을 막았다. 두 소년은 잠시 굳은 듯이 꼼짝 않고 서 있었다.

그러다 별안간 조니가 확 덮치더니 그 크고 살찐 놈을

손에 거머쥐었다. 그는 몸을 홱홱 뒤틀면서 꿈틀거리는 개구리를 제이콥에게 들어 보였다. 그리고 자루에 던져 넣었다.

"우린 운이 좋아." 조니가 속삭였다. "이 근처에 많을 거야."

한 시간 남짓 두 소년은 찰흙과 물속을 헤집고 다녔다. 크고 살찐 놈들을 많이 잡았다. 자루가 가득 차자 조니가 말했다. "이제 그만 하자. 이거면 충분해."

이제 따뜻하고 물기 없는 길로 들어서니 기분이 좋았다. 발이 거의 얼어붙을 지경이었다. 그들은 서둘러 조니 집 뒷마당으로 갔다. 개구리 껍질을 벗기고 다리를 잘랐다.

조니는 집에 들어가 어머니가 쓰는 큰 파이 접시와 빨간 줄무늬가 있는 냅킨을 가지고 나왔다. 그는 냅킨을 접시에 깔고 개구리 다리를 가지런히 놓았다. 그리고 냅킨으로 그것을 덮었다.

소년들은 조심해서 파이 접시를 들고 교차로에 있는 홀소플 씨 가게를 향해서 갔다. 그들은 휘파람을 불며 수다를 떨었다. 해가 점점 지기 시작하자 그들은 발걸음을 서둘렀다.

홀소플 씨는 쾌활하고 뚱뚱한 네덜란드 사람이었다. 그가 얼마나 먹는 것을 좋아하는지 불룩 나온 배와 빨간 두 볼만 봐도 금방 알 수 있었다. 그는 높은 카운터에 기대고 서 있었다. 그 앞에는 감자, 양파, 당근, 무가 든 자루들, 치즈 덩어리, 설탕과 밀가루, 크래커, 물엿이 든 나무 통들이 있었다.

"얘들아, 뭐가 필요하니? 뭘 도와줄까?" 그가 물었다. 그는 미소를 지으며 소년들을 내려다 보았다.

제이콥은 당황해서 어쩔 줄 몰라 혀를 꼭 깨물었다. 조니가 스스럼 없이 말했다. "홀소플 씨, 막 잡은 개구리 다리 사시겠어요? 소시지 기름에 튀기면 정말 맛있을 거예요."

"개구리 다리? 벌써?" 그가 물었다. "그 접시에 뭐가 있나 보자. 아주 작은 거겠지."

조니가 냅킨을 열고 접시를 들어보였다. 크고 깨끗한 개구리 다리가 접시에 가득 담겨 있었다.

"흐음!" 홀소플 씨가 입술을 쩝쩝거렸다. "개구리 다리만한 게 없지! 얘야, 얼마를 주면 되겠니? 보나마나 많이 달라고 할 테지. 아이들은 물건을 팔러 오면 늘 너무 많이

"개구리 다리만한 게 없지!

달라고 한단 말이야."

"감자와 바꾸고 싶어요." 조니가 말했다. 그는 감자를 얼마나 달라고 해야 하는지 생각하고 있었다.

"응? 감자라구? 그런데 그 쬐그만 개구리 다리에 감자를 몇 개 주어야 하나? 얼마 안 될 텐데."

"여섯 개요!" 제이콥이 마침내 부끄럼을 벗어났다. 그는 심슨 씨가 소년들 한 사람 당 감자 두 개씩 들고 오라고 한 말이 기억났다. 그러나 가게 주인은 첫 번째 흥정은 거절할 테니까, 감자 네 개만 받으면 다행이라고 생각한 것이다.

조니는 홀소플 씨를 관찰했다. 약삭빠른 그의 조그만 눈에 빛이 감도는 모습을 보자 조니는 즉시 제이콥이 실수한 것을 알았다.

"한 사람당 여섯 개요!" 조니가 즉시 말했다. "저희에게 큼직한 감자 여섯 개씩 주세요."

홀소플 씨는 조니를 내려다봤다. "넌 영리한 소년이군." 그가 말했다. "그래. 그만한 가치가 있어. 하지만 내가 직접 감자를 골라서 주겠다."

"네." 조니가 찬성했다. "하지만 우리가 보고 있을게요.

개구리 다리는 모두 통통하고 깨끗해요. 그러니까 통통하고 깨끗한 감자를 주세요. 그게 공정해요."

가게 주인은 빙그레 웃더니 카운터를 돌아서 나왔다. 그는 바닥에 놓인 자루에서 큼직한 감자 열 두 개를 세었다. 소년들은 그걸 받아 자기 자루에 넣었다.

홀소플 씨가 빙긋이 웃었다. "넌 진짜 똑똑한 아이로구나!" 그가 또 조니에게 말했다. "넌 뭘 가져올 때마다 공정한 가격을 받아내지. 이 다음에 가게를 하면 성공할 거야, 조니. 아무도 널 속일 수 없을 테니까."

"저도 그러고 싶어요." 조니가 말했다. "제가 가게 주인이 되어도 항상 공정하게 할 거예요. 손님들이 두둑히 가져가게 할 거예요."

홀소플 씨가 큰 소리로 한바탕 웃었다. "지금이야 그렇게 말하겠지. 하지만 주인이 돼 봐라. 그때 가면 무슨 뜻인지 알 거다!"

두 소년이 급히 집으로 돌아가는 길에 제이콥이 말했다. "이제 우리 감자로 저녁 식사를 먹을 수 있게 됐어. 그리고도 학교에 가져갈 감자가 남으니까. 네가 말하길 잘했어. 조니, 넌 정말 똑똑해. 그런데 주인이 여섯 개씩 줄 거란 걸 어떻게 알았어?"

"두 가지야." 조니가 대답했다. "네가 여섯 개라고 말했을 때 그의 얼굴을 보았더니, 참 잘 됐다는 표정이었어. 사람들은 자기가 더 많이 받을 때 그런 표정을 짓거든. 그래서 나는 공정한 값을 달라고 했고 주인은 무엇이 공정한지 알았거든. 난 절대 그 이상을 달라고 하지 않아."

"네가 똑똑해서 다행이야." 제이콥이 말했다. "감자 먹어본 지 오래 됐거든. 얼마나 맛있을까!"

3
세인트 패트릭의 날 잔치

조니는 집에 감자를 가져와서 자랑스럽게 어머니에게 보여드렸다.
"참 좋은 감자구나, 조니." 어머니가 말했다. "어디서 났지?"

그는 개구리를 잡아 홀소플 씨와 교환했다고 얘기했다. 아버지는 벽난로 옆에서 토요일 저녁 신문을 읽고 있었다. 그는 고개를 들고 의자에 기대더니 웃음을 터트렸다.

"흥정을 잘하는구나, 조니." 그가 말했다. "그건 내가 못하는 부분인데. 내가 흥정만 더 잘해도 우리 형편이 더 나

아질 텐데 말이야. 하지만 우리 집안에 장사 잘하는 사람이 하나는 있으니까 우리가 고생은 안 하겠다."

조니가 끄덕였다. "학교에 가져갈 것 말고도 집에서 오늘 저녁에 함께 먹을 감자를 구하고 싶었어요." 그가 자랑스럽게 말했다.

어린 여동생 엘리자베스가 춤을 추기 시작했다. "감자탕! 감자탕!" 노래를 불렀다. 그 생각만 해도 모두 다 배가 고파졌다.

세인트 패트릭의 날은 구름이 끼고 바람이 거세게 불었다. 조니가 보니 하늘에 검은 구름이 끼고 바람에 나무가 휘어졌다. 아무래도 잔치가 미뤄질 것 같았다.

"어쨌든 감자를 가지고는 가봐야겠어요, 엄마!" 그가 말했다. "혹시 필요할 수도 있으니까요. 어쩌면 날씨가 좋아져서 이따가는 해가 날지도 모르잖아요."

다른 아이들도 모두 같은 생각이었다. 모두 자기 몫을 가지고 학교에 왔다. 소년들은 감자를 가져왔다. 소녀들은 집에서 만든 피클, 잼, 그리고 그 유명한 펜실베니아 과일 파이나 노릇노릇한 색으로 바삭바삭하게 구운 고소한 빵을 가져왔다.

심슨 씨는 과일 파이를 보자 입에 군침이 돌았다. "선생님이 슈미트 씨 집에서 제대로 못 드시는 게 틀림없어." 조니가 제이콥에게 속삭였다. "다른 집으로 옮기는 날만 기다리시는 것 같아."

제이콥이 끄덕였다.

선생님이 책상을 두들기자, 학생들이 조용해졌다.

"혹시 너희들 날씨가 이렇게 나쁘다고 해서 오늘 잔치를 안 한다고 생각한 거 아니니?" 그가 입을 열었다. "그렇다면 그 훌륭한 성자 패트릭에 대한 예의가 아니야. 안 그러니?"

그리고 그는 아일랜드 사투리로 말을 이었다. "아니고 말고. 말이라 하나? 마, 비가 오나 눈이 오나, 우리는 잔치를 한다 아이가? 그라지만 먼저 공부다, 알겠제!"

흥분한 아이들은 허겁지겁 수업을 마쳤다. 제일 큰 소년들이 외우기를 다 마치자 심슨 씨가 말했다. "날씨가 너무 나쁘니까, 여기 따뜻하고 편안한 교실 안에서 잔치를 하자."

조니는 어떻게 교실 안에서 요리를 할지 궁금했다. 커다란 무쇠 냄비를 교실 안에서 끓이나?

"스튜는 밖에서 끓여야 한다." 선생님이 말을 이었다. "큰 소년들은 나가서 불을 피워라. 불이 활활 타오르면 와서 날 불러. 그럼 내가 대구와 감자를 가지고 나갈 테니까. 두고 봐. 그 어떤 아일랜드 사람도 맛보지 못한 스튜를 내가 끓여줄 테니!"

큰 소년들인 프란츠 홀소플과 두 명이 서둘러 밖으로 나갔다. 작은 소년들은 그들이 부러웠다. 바람 부는 바깥에서 불을 피우는 것이 여기 교실에 앉아 공부하는 것보다 훨씬 나을 것이다.

영 존이 큰 소년들을 따라 나가려고 일어섰다. 그러나 선생님이 막았다. "영 존, 지금 뭐하려는 거지?" 그가 날카롭게 물었다. "네가 큰 소년이라고 생각하는 거냐? 아직 열 살도 안 됐으면서? 여기 앉아 책을 펴라!"

영 존은 찡그리며 다시 앉았다. 조니가 제이콥을 쿡 찔렀다. 영 존은 자기가 큰 소년이라고 생각했다. 때때로 그는 자기가 삼촌이기 때문에 조니나 제이콥보다 더 똑똑하다고 말했다. 둘은 킬킬 웃었다.

나이 든 소녀들은 교실 앞에 나가서 감자와 양파 껍질을 벗기고 양배추를 잘랐다. 채소 냄새가 교실 전체에 퍼졌다. 더 어린 학생들은 흥분해서 교과를 외우지 못했다. 읽기 시간에 그들은 계속 큰 소녀들이 일하는 모습을 훔쳐보았다.

그때 프란츠가 들어와서 구석에 있던 큰 무쇠 냄비를 낑낑 끌고 나갔다. 잠시 후 그가 또 교실에 들어왔다. "물이 끓어요, 선생님!" 그가 소리쳤다.

심슨 씨가 고개를 끄덕였다. "게다가 으랏차! 채소도 다 준비됐군!" 그는 책상에 가서 뚜껑을 열더니, 헝겊에 싸여 있는 기다란 물건을 꺼냈다. 생선 냄새가 양파와 양배추 냄새와 한데 섞였다.

"여기 대구 받아라!" 선생님이 말했다. 그는 프란츠에게 그것을 주었다. "작은 조각으로 잘라서 넣어라. 모두들 한 입씩 먹을 수 있도록. 감자, 양파, 양배추도 넣어. 그리고 같이 끓이면 된다."

그는 소리내서 코를 킁킁거렸다. "으음! 냄새가 나는군. 날이 추울수록 아이리시스튜는 더 맛있지! 내가 직접 스튜를 저어야겠어." 그가 씩 웃었다.

그는 프란츠와 함께 대구와 채소를 가지고 나갔다. 소녀들은 마치 집에서 어머니들이 저녁 식탁 준비하듯이 바쁘게 움직였다. 큰 책상들을 앞으로 모아서 식탁을 만들었다. 그리고 거기에 냅킨을 놓았다.

"선생님이 대구를 어디서 구하셨을까?" 제이콥이 말했다.

"아빠가 드렸어." 수잔이 대답했다. "아빠가 생선 시장에 가셔서 벽돌을 주고 대구를 사 오셨어. 그중 한 마리를 선생님께 드린 거야. 아빠가 그러시는데 이건 아일랜드스튜가 아니래. 고기가 들어가야지 대구가 들어가면 안 된대."

"상관없어!" 조니가 어린 고모의 말에 끼어들었다. "심슨 씨는 그저 잔치를 하고 싶은 거야. 그가 진짜 아일랜드 사람이든 아니면 장난으로 그런 체하든, 스튜가 진짜 아일랜드스튜든 아니든 아무 상관 없어."

조니는 창문으로 가서 밖을 내다보았다. 심슨 씨는 불 위에 걸린 큰 무쇠 냄비를 젓고 있었다. 바람에 불꽃이 휘날렸다. 선생님과 큰 소년들은 웃으며 바람에는 아랑곳하지 않았다.

"나도 갈 테야." 조니가 결심한 듯 말했다. "여기서는 재미없어."

심슨 선생님의 스튜

그가 문으로 달려가자, 제이콥이 바짝 뒤를 따라갔다. 그들은 문을 열고 바람과 비가 휘날리는 마당으로 뛰어갔다. 다른 어린 소년들도 따라 나왔다. 영 존이 맨 끝에 나왔다. 소녀들은 잠시 구경하더니 다시 공부하러 돌아갔다.

심슨 씨가 고개를 돌려 쳐다보았다. 그의 코는 빨갛고, 눈은 연기 때문에 눈물이 고였다. 그러나 그는 쾌활하게 활짝 웃었다. "으랏차! 여봐라! 아이리시스튜가 끓으니, 아이들이 마치 옥수수밭에 까마귀 떼처럼 몰려오는구나!"

소년들은 모닥불 주위에 서서 코를 킁킁거리며 재잘거렸다. 점점 더 추워졌으나 아무도 들어가려고 하지 않았다. 적어도 스튜가 다 될 때까지는. 게다가 자기들도 튼튼하고 힘세다는 걸 보여주고 싶었다. 그들은 추위나 비에 꿈쩍하지 않는다는 걸 증명해야 했던 것이다.

마침내 선생님이 말했다. "가서 자기 그릇을 가져오너라. 소녀들에게 스튜가 다 됐다고 알려줘. 내가 퍼주면, 교실에 들어가서 책상에 앉아 먹어라."

조니는 잽싸게 교실로 들어갔다. 몸은 축축하고, 배는 고프고. 스튜 냄새는 몹시 향긋했다. 그는 집에서 가져온 나무 그릇을 집고 수잔에게 소리쳤다. "그릇 가지고 나와. 스튜가 다 됐어!"

소녀들도 국그릇과 접시를 집어 들고 문밖으로 뛰쳐나갔다. 문간에서 소녀들은 국을 들고 들어오는 소년들과 엉켰다. 잠시 조니는 누가 들어가고 누가 나가고 있는지 판단할 수가 없었다. 밖으로 나가려고 해도 나갈 수가 없을 것만 같았다.

그때 선생님이 기억났다. 선생님 책상에는 옹기로 만든 큰 국그릇이 있었다. 조니는 그 그릇을 집었다. 그는 자기 그릇과 선생님 그릇을 단단히 손에 쥔 채 아이들 사이를 헤치며 밖으로 나갔다. 먼저 그는 선생님 그릇을 내밀었다.

심슨 씨는 조니가 자기를 기억해주어 기뻤다. "내 그릇은 여기 놔둬라. 다른 아이들 그릇 먼저 채워 줄 때까지." 그는 김이 모락모락 오르는 스튜를 조니 그릇에 퍼 주었다.

조니는 아이들과 섞여 다시 교실로 돌아왔다. 자기 책상으로 가서 숟가락을 국그릇에 넣었다. 냄새가 좋았다. 한입 먹어보니 맛도 좋았다. 심슨 씨가 아일랜드 사람이건 아니건, 그는 스튜를 정말 잘 만드신다!

스튜를 다 먹고 나자 심슨 씨는 자기 의자에 앉아서 숨을 길게 내쉬었다. "으랏차! 내가 먹어본 중 최고로 좋은 세인트 패트릭 잔치야. 배가 잔뜩 부른 채 공부하려는 건 안 좋아. 아무 소용 없거든. 교실을 치우고 나서 집으로 돌아가거라."

아이들은 좋아서 비명을 질렀다. 즉시 교실을 정돈했다. 그리고 마치 닭장에서 닭들이 쏟아져 나오듯 삼삼오오 교실을 나가서 벅스 로드로 흩어졌다.

"너 오늘 우리 집에 가야 해." 수잔이 조니에게 말했다. "너희 엄마와 윌리, 엘리자베스, 메리 엘렌 모두 거기 있어. 오늘 저녁 우리 집에서 저녁 먹기로 했어."

"나도 알아." 조니가 말했다. "엄마가 오늘 아침에 그러셨어. 아, 재밌겠다."

그들은 걸어가며 그날 얼마나 재미있었는지 얘기했다. "심슨 씨가 진짜 아일랜드 사람이라면 좋겠어." 수잔이 말했다. "다른 아일랜드 축제일도 있을 테니까."

"그가 진짜 아일랜드 사람이 아니라서 다행이야." 조니가 말했다. "그러면 여러 나라 사람인 척하고 온갖 축제를

다 열 수 있으니까!"

그들이 존 할아버지 집에 도착하자, 윌리가 나와서 그들을 맞았다. 조니의 어린 여동생 엘리자베스가 그 옆에 춤을 추며 따라 나왔다. 조니는 그 모습을 보고 웃었다.

"엘리자베스는 항상 춤만 춰? 걷지는 않고?" 수잔이 물었다.

"거의 항상." 조니가 말했다. "깡총깡총 뛰기만 해. 안녕, 엘리자베스! 내 손잡아. 우리 같이 뛰어가자!"

그 어린 소녀가 통통한 손을 내밀었다. 조니가 한 손을 잡고 수잔이 다른 손을 잡았다. 그리고 셋이 함께 뛰며 웃으며 골목을 걸어갔다.

집 앞 포치 계단에는 아기 메리 엘렌이 기다리고 있었다. 그녀는 통통하고 짧은 다리로 아장아장 다가왔다. 조니는 엘리자베스 손을 놓고 아기의 손을 잡았다.

"아직 집에 들어가지 마!" 뒤따라 달려오던 윌리가 숨을 헐떡이며 말했다. "내가 보여줄 게 있거든."

"뭔데?" 조니가 물었다. "뭣 땜에 그렇게 흥분했어? 어디, 가서 보자."

그가 동생을 따라 집 뒤를 돌아갔다. 세 명의 소녀들도

"핑키가 새끼를 낳았어."

뒤따라 왔다. 윌리는 그들을 데리고 돼지우리로 갔다.

"핑키가 새끼를 낳았어. 열네 마리야." 윌리가 설명했다.

큰 아이들은 담장을 기어 올라가 아래를 들여다보았다. 깨끗한 짚더미 위에 핑키가 누워있고 새끼들이 그 옆에서 꼬물거렸다. 핑키는 컹컹거리며 의심쩍은 눈으로 아이들을 쳐다보았다.

메리 엘렌은 너무 작아서 볼 수가 없었다. 그래서 조니가 내려가서 그녀를 들어주었다. 그 소녀는 좋아서 손뼉을 치며 끽끽 비명을 질렀다.

"내년 겨울에는 햄이랑 베이컨을 잔뜩 먹겠구나!" 조니가 말했다.

수잔은 저렇게 작은 돼지 새끼들을 햄과 베이컨으로 만든다는 생각을 하자 견딜 수가 없었다. "우린 저 새끼들을 먹지 않을 거야. 영원히 데리고 있을 거야!" 수잔이 말했다.

조니는 그렇지 않다는 것을 잘 알았지만, 수잔을 놀리지 않았다. 저렇게 어린 새끼들을 먹어버린다고 생각하니 자기도 마음이 편치 않았기 때문이다.

4
실 사러 가다

여름이었다. 펜실베니아 남동부의 나지
막한 구릉지가 짙은 초록으로 변했다. 굵
직한 떡갈나무, 느릅나무, 너도밤나무들
이 들판 위에 시원한 그림자를 까맣게 드리웠다. 이제 물
이 야트막해진 샤일킬 강과 델라웨어 강은 졸린 듯이 출
랑출랑 흘렀다. 윌리는 그날 해야 할 일을 시작하기 전에
형과 놀고 싶어 조니를 부르러 왔다. 그러나 조니는 대답

겨울에는 산에서 눈이 녹아 강물이 불어나고 여름에는 말라서 줄어들었다.
어린 아이들도 모두 집과 농장 일을 도왔다.

이 없었다.

조니는 이층의 자기 방 침대에 앉아 자기가 발명한 게임을 하고 있었다. 지난 토요일 자기 생일에 어머니가 사전을 선물로 주셨다. 조니는 그 작은 사전에 있는 모든 단어를 익히고 싶었다. 그래서 그 게임을 만들어냈다.

이제 창틀에 앉은 조니는 사전을 펴서 보지 않고 손가락으로 단어를 짚었다. 첫 번째 단어는 '사다'였다. 그리고 나서 그 단어가 무슨 뜻인지 소리 내어 읽었다. "값을 치르고 물건을 얻는 것."

그다음 그는 '값'이란 단어를 찾았다. 사전에서는 그것을 뭐라고 설명하는지 알고 싶었다.

열린 창문 아래로 내려다보니 윌리와 어린 여동생 두 명이 잔디밭에서 놀고 있었다. 윌리는 버드나무 줄기로 호루라기를 만들고 있었다. 간간이 그것을 시험해볼 때마다 날카로운 소리가 나서 조니를 깜짝 놀라게 했다. 그러나 곧 조니는 다시 자기 게임으로 돌아갔다.

엘리자베스와 메리 엘렌은 잔디밭 가장자리에서 자라는 키가 큰 접시꽃 풀에서 접시꽃을 따서 인형을 만들고 있었다.

갑자기 조용한 아침에 어떤 소리가 들렸다. "안녕, 조니! 안녕! 이리 나와 봐. 물어볼 게 있어. 급하다구!"

조니는 인상을 찌푸리며 사전을 덮었다. 영 존이었다. 아마도 자기가 해야 되는 집안일을 도와달라고 할지도 모른다.

조니가 창문에서 밖으로 고개를 내밀었다. "나 여기 있어, 영 존!"

"나랑 도시에 갈래?" 영 존이 외쳤다. "조금 후에 떠날 거야! 얼른 와!"

조니는 심장이 마구 뛰었다. 도시에 간다구! 정말 신 나는 모험이다! 그는 사전을 덮고 아래층으로 뛰어 내려갔다.

"영 존과 도시에 가도 돼요?" 그가 어머니에게 숨 가쁘게 물었다. 어머니는 요리하느라 분주했다.

그때 영 존이 부엌에 들어왔다. "엄마가 새 램프를 사오라고 하셨어요." 영 존이 말했다. "이웃에 간즈 씨가 오늘 도시에 가구를 싣고 가신대요. 그가 저를 데리고 갔다가

도시: 필라델피아시
램프: 등잔불

다시 데려다 주신다고 우리 아버지께 말씀하셨어요. 조니, 너도 가고 싶으면 같이 가도 돼."

조니는 어머니를 쳐다보았다. 흥분해서 그의 눈빛이 반짝거렸다.

어머니가 고개를 끄덕거렸다. "마침 네게 생일선물이 되겠구나, 조니." 어머니가 영 존에게 몸을 돌렸다. "우리가 도시에 간 지 꽤 오래돼서, 내가 조니에게 한번 도시에 데려가겠다고 약속을 했단다. 너희 둘 다 조심할 거지?"

영 존이 어깨를 넓게 폈다. "도시에 가도 하나도 안 무서워요. 저는 어디로 가야 하는지 길을 알거든요."

워너메이커 부인은 진지하게 소년들을 쳐다보았다. "다행히 필라델피아에는 사람들이 다니는 보도가 있으니까, 찻길로 걸어가지 않아도 돼. 그렇지 않은 도시에서는 사람들이 걸어가다 마차나 말에 치일 위험이 많다고 하더구나. 너희들, 반드시 보도로만 다녀야 한다!"

이제 워너메이커 부인은 조니가 떠날 준비를 해주었다. 조니는 얼굴과 손을 씻었고, 어머니는 조니의 외투를 가져왔다.

"좀 더 좋은 외투가 있었으면 좋으련만." 어머니가 말했다. "헝겊을 대고 기운 외투밖에 없으니. 별로 좋아보이진 않구나."

"괜찮아요, 엄마!" 조니가 애가 타서 말했다. 자기 외투가 낡았기 때문에 어머니가 가지 말라고 하실까 봐 걱정이 된 것이다. "그리고 우리가 간즈 씨 수레에 탈 때까지 구두를 들고 갈게요. 구두에 먼지가 안 묻게 말이에요."

"얼른 서둘러!" 영 존이 재촉했다. "간즈 씨가 벅스 로드로 오실 때가 됐어. 우리가 안 보이면 그냥 가실 거야."

"한 가지 부탁이 있다, 조니." 어머니가 말했다. "루이스 씨 가게에 들러서 실을 사다 줄래? 리지 드레스를 마저 만들어야 하거든. 여기 헝겊 조각이 있어. 반드시 헝겊 색과 맞는 실을 사야 한다. 돈은 이 종이에 쌌으니 가져가라. 잃어버리면 안 된다."

두 소년은 마침내 벅스 로드로 나왔다. "내가 마치 전쟁터 나가는 줄 아시나 봐." 조니가 드디어 안심이란 듯 말했다. "오늘 오후면 돌아올 텐데."

조금 있으니 종소리가 짤랑거렸다. 코네스토가 수레가

리지: 엘리자베스의 애칭
코네스토가 수레: 보통 수레보다 더 크고 튼튼하다.

온다는 뜻이었다. 그들은 몸을 돌려 수레가 오나 멀리 바라보았다. 그 수레는 엄청나게 커서 말 여섯 마리가 끌어야 했다.

"간즈 씨는 정말 훌륭한 말들이 있어." 영 존이 쳐다보며 말했다. "저것 좀 보라구! 아, 정말 멋있고 힘센 말이야!"

"랭카스터 구역의 코네스토가 마을 출신 말들만 저렇게 힘이 세지. 다른 말은 저렇게 무거운 수레를 끌 수가 없어." 조니가 말했다.

간즈 씨가 그들을 보고 말들에게 멈추라고 소리를 냈다. "어---이." 그러나 말들이 머리를 움직일 때마다 종소리가 울렸다.

조니는 그 종이 참 예쁘다고 생각했다. 종 여섯 개가 화음에 맞추어 맑고 고운 소리를 냈다.

"아, 여기 나와 있구나!" 농부 간즈 씨가 말했다. "도시에 가려고 기다리는 거지? 얼른 올라타거라."

소년들은 마차 밑부분에 들여다 놓은 널빤지를 끄집어 냈다. 그리고 재빠르게 수레에 오른 뒤 뒷바퀴가 달린 위치에 그 널빤지를 놓고 앉았다.

"간즈 씨처럼 말을 몰고 갈 수 있다면 얼마나 좋을까?" 마음이 들뜬 조니가 말했다. "그럼 여기 앉아 가는 것보다 더 재미있을 것 같아. 하지만 상당히 힘들겠어. 차라리 여기 느긋하게 앉아서 구경하며 가는 것도 좋아."

"코네스토가 수레는 맨 앞의 왼쪽 말을 중심으로 몰아야 해." 영 존이 설명을 했다. "그렇지 않으면 말을 다루기 힘들거든. 오늘 도시에 들어가면 수레가 수 백 대나 다닐 텐데, 만일 맞은 편에서 수레가 오면 길의 오른쪽으로 비켜 가야 해. 서로 부딪히지 않도록 말이야."

조니가 고개를 끄덕였다. "나도 알아. 아빠가 그러시는데 코네스토가 수레는 너무 커서 반드시 길의 오른쪽으로 달려야 된대. 작은 수레는 그렇게 안 해도 되지만."

소년들이 널빤지 위에 안전하게 자리를 잡자, 간즈 씨가 말에게 명령했다. 그러자 수레는 벅스 로드를 따라 달려갔다.

"아빠도 코네스토가 수레가 있었으면!" 말 재갈에 달려있는 빨간색 술을 부러운 듯 쳐다보던 조니가 말했다.

"우리 아빠는 나중에 한 대 사신다고 했어. 서부로 가실 때 말이야." 영 존이 자랑을 했다.

코네스토가 수레

조니는 그를 쳐다보며 침을 꿀꺽 삼켰다. 영 존은 서부로 간다는 말을 자주 했다.

"그러면 내가 보고 싶을걸? 우리 가족이 모두 인디애나주로 가면 말이야."

'하지만 만일 할아버지가 코네스토가 수레를 사시면.' 조니가 생각했다. '우리 가족도 함께 인디애나주로 갈 수 있어. 코네스토가 수레는 커서 두 가족이 탈 수 있으니까.' 그렇게 신 나는 여행을 한다고 생각하니 조니의 눈이 반짝거렸다.

영 존은 몸을 앞으로 기울이며 간즈 씨에게 소리쳤다.

"인디애나주로 가려면 코네스토가 수레가 딱 좋죠, 간즈 씨?"

간즈 씨가 머리를 열심히 끄덕거리며, 종소리 때문에 아주 큰 소리로 말했다. "요즘 이런 코네스토가 수레가 있으면, 나라 동쪽에서 서쪽 끝까지도 문제없이 갈 수 있지. 얼마나 힘세고, 얼마나 좋은지 몰라. 가족들이 다 타고 가구들도 전부 실을 수 있어. 그럼! 코네스토가 수레. 바로 이거만 있으면 돼!"

그들은 북쪽으로 방향을 돌려 상점 거리로 갔다가, 다시 동쪽으로 방향을 돌려 상점들이 많은 시내 한복판으로 갔다.

간즈 씨가 채찍 끝으로 가리키며 말했다. "저기 보이지? 저게 독립기념관이야. 꼭대기에 있는 탑이 햇빛에 하얗게 빛나는구나."

조니가 끄덕였다. "네. 저도 아빠와 함께 가본 적 있어요. 백 년도 더 된 건물이래요. 워싱턴 장군이 저기서 군대 총지휘관으로 임명받으셨대요. 독립선언문도 저기서 선언하고, 헌법도 작성하고······"

헌법: 나라의 기초가 되는 법

"나도 알아." 영 존이 말을 가로챘다. "넌 학교에서 워낙 질문도 많고, 선생님이 널 '뭐든지 알고 싶어하는 아이'라고 부르시지만, 그 정도는 누구나 안다구."

"'뭐든지 알고 싶어하는 아이'라. 참 좋은 이름이구나. 얘야, 계속해서 질문해라. 그럼 언젠가는 아주 똑똑한 사람이 될 테니까. 두고 보라구!"

수레가 가는 동안 영 존은 램프를 사야 할 가게가 어디 있는지 유심히 살펴보았다. 마침내 그것을 발견했다. "간즈 씨, 여기서 내려 주시면 돼요."

"내가 집에 가는 길에 너희를 데리러 오마. 여기서 기다려야 한다, 알겠니?"

"네. 여기, 바로 이 모퉁이에 서 있을게요." 영 존이 약속했다.

"좋아. 그럼 난 시청에 가구를 운반하러 가마. 시청에서 일하는 믿음직한 의원들에게는 믿음직하고 좋은 벤치가 필요하거든." 그가 말들을 보며 껄껄 웃었다.

큰 수레가 자갈이 깔린 길을 달려갔다. 다른 수레들에 부딪히지 않도록 아주 조심해서 갔다. 오늘은 장날이었기

장날: 시장이 서는 날

때문에, 길에는 말들과 수레가 아주 많은 데다, 마부들이 조급하게 수레를 몰았기 때문이다.

"아, 도시에 왔다!" 조니가 마음이 들떠서 말했다. "도시가 눈에 보이고 귀에 들리고 냄새도 나는구나." 그가 영 존을 보았다. "배울 수 있는 건 무엇이든 다 배워 가고 싶어. 거의 하루 종일 시간이 있잖아. 제일 먼저 뭘 하지?"

"램프 사는 것은 우리가 간즈 씨를 만나러 돌아올 때까지 기다리자. 지금 사서 하루 종일 그걸 들고 돌아다닐 순 없으니까. 가서 독립기념관을 구경하자. 그리고 부두에 가서 배도 보고……."

"가게마다 다 들여다보자." 조니는 마음이 몹시 들떴다. "빵 가게, 책 가게, 옷 가게……."

"우리 마음대로 할 수 있어 참 좋다. 여기서부터 시작하자. 길 잃어버리면 안 돼, 알겠지?" 영 존이 말했다. "그러면 간즈 씨가 걱정하실 테니까."

"물론 안 되지!" 조니가 대답했다. "필라델피아에서는 길을 찾기 쉬워. 아, 나도 여기서 살았으면……. 마치 고향에 온 것 같아. 그리고 난 여기 길 이름 잘 알아. 멀버리, 사사프라, 바인, 체스넛, 월넛, 스프루스, 파인."

"삼척동자도 여기선 길 잃어버릴 염려가 없어. 자, 가자!" 영 존이 말했다.

그들은 좁다란 보도로 걸어가기 시작했다. 작은 상점의 진열장을 들여다보고, 문에 걸려 있는 간판을 읽었다.

"선박 잡화상." 영 존이 한 간판을 가리켰다. "여기선 도대체 뭘 파는 거지?"

"난 알아." 존이 우쭐대며 말했다. "사전에서 무슨 뜻인지 배웠어. 배에서 사용하는 페인트, 밧줄, 랜턴 같은 것을 파는 곳이야."

"상점에 들어가서 물건 살 돈도 없으니 상점 구경하고 싶지 않아." 영 존이 툴툴거렸다.

"난 구경하고 싶어." 조니가 말했다. "엄마 아빠가 상점에 들어가서 물건 사실 때 옆에서 구경하는 게 재미있어. 한 상점에서는 음식을 사고, 또 다른 상점에서는 생선을 사고, 또 다른 곳에 가서 내 구두를 사고, 또 다른 곳에 가서 리지의 리본을 샀어. 난 그냥 이리저리 구경하는 게 좋아. 언젠가 내 상점을 갖고 싶어. 아, 저것 봐! 저기는 우

필라델피아 길 이름은 그곳에 원래 서 있던 나무들 이름을 따서 지은 것이 많다.
삼척동자: 아주 작고 어린 아이

"아, 나도 내 배가 있다면!"

리 엄마가 기침약을 사는 약방이야."

"독립기념관에 가서 자유의 종을 보자. 독립선언문 발표할 때 울렸던 그 큰 종 말이야." 영 존이 제안했다. "라파예트 장군이 다시 미국에 방문 왔을 때 그 종을 울렸다던데."

"너무 크게 울려서 종이 갈라졌대!" 존이 웃었다. "그때가 1835년이면 겨우 9년 전이니까, 분명 너도 들었을 거야!"

그들은 독립기념관을 찾았다. 그리고 그 유명한 종을 구경했다. 그리고 부두로 내려갔다.

"여기가 정말 마음에 들어!" 조니가 감탄했다. 두 소년은 인부들이 새 배를 짓느라 구조물을 타고 높이 올라가는 모습을 보았다. "아, 나도 내 배가 있다면!"

"배가 있으면 뭘 하려고?" 어린 삼촌이 물었다.

"영국, 중국, 프랑스로 항해를 떠날 거야. 그리고…… 그리고…… 이 세상 모든 나라로. 거기서 비단과 차와 여러 물건을 가득 싣고 돌아와서 그걸 팔 거야."

마침내 그들은 부두에서 떠나 상점으로 가야 할 시간이

라파예트 장군: 미국 독립전쟁을 도와 준 프랑스 장군

란 걸 알았다. 간즈 씨가 오실 시간에 맞추어 기다리고 있어야 한다.

두 소년은 길 이름을 읽으며 상점 거리에 이를 때까지 왔다. 그리고 루이스 씨 상점이 어디 있는지 살펴보았다. 워너메이커 부인이 부탁한 실을 사야 하기 때문이다.

곧 조니는 좁다란 문 위에 달린 간판을 보았다. "엄마는 한 번도 날 도시에 심부름 보내신 적이 없어." 그가 영 존에게 말했다. "이제 내가 심부름을 얼마나 잘하는지 보여 드려야지!"

그는 문을 밀고 들어갔다. 그는 자기와 영 존이 누덕누덕 헝겊을 대고 기운 옷을 입고 얼굴에는 먼지와 땀으로 땟물이 묻어있다는 사실을 생각해본 적이 없었다. 그들은 구경하느라 너무 바빠서 몸이 얼마나 더러워지고 있는지 깨닫지 못했다.

오후 늦은 시간이라 상점 안은 약간 어두컴컴했다. 점원들이 여기저기 서 있었다. 어떤 점원은 계산대 앞쪽에 서서 손님들을 관찰하고 있었다. 다른 점원은 계산대 뒤쪽에 서서 여자 손님들이 주문하는 옷감을 재고 있었다. 그 광경을 보자 영 존과 조니는 마음이 불편해져서 문간에서 멈췄다.

그때 한 남자가 소년들에게 걸어왔다. "뭘 사러 왔니?" 그가 날카롭게 물었다.

조니는 얼굴이 새빨개졌다. 그런 식으로 대우받는 게 싫었다. "네, 저……" 그가 더듬거렸다. 그는 주머니에 손을 넣어 헝겊 조각과 돈을 싼 종이를 만져보았다. "실을 사고 싶어요."

"실은 이쪽에 있어." 그 남자가 소년들을 데리고 가게 뒤쪽으로 갔다. "돈은 있겠지?" 그가 의심쩍다는 듯이 물었다.

"당연하죠!" 조니가 화가 나서 대답했다. 그는 접힌 종이를 꺼냈다. 그리고 그것을 열어 동전을 보여주었다.

"무슨 색 실이 필요하니?" 그 불쾌한 남자가 물었다. 그리고 계산대 뒤에 서 있던 젊은 여자에게 말했다. "이 소년들이 실이 필요하답니다."

"무슨 색 말이니?" 그 여자가 쌀쌀맞게 물었다.

여자 손님들 몇몇이 두 소년을 쳐다보았다. 그리고 가까이 서 있던 한 여자가 치마를 살짝 끌어당겼다. 조니가 발을 내려다보니 먼지투성이 자기 구두가 그녀의 치마 가까이 있었다는 걸 깨달았다.

조니는 주머니에 손을 넣었다. "이 헝겊과 같은 색이 필요해요." 그가 말을 꺼냈다. "어? 근데, 헝겊을 잃어버린 것 같아요. 자주색 비슷한 색깔인데…… 내 헝겊이 어디 갔지?"

"아냐. 진한 빨강이야." 영 존이 말했다.

계산대에 있던 여자는 실패가 가득 든 나무상자를 가져왔다. "네가 원하는 색깔을 짚어 봐." 그녀가 말했다.

조니는 상자를 뚫어지라 쳐다보았다. 하나를 집을까 하다가 망설였다.

"빨리 골라!" 그 남자가 꽥 소리를 질렀다. 그는 소년들 바로 뒤에 서서 의심쩍은 눈으로 감시하고 있었다. "무슨 색인지 왜 모르는 거냐?"

"모르겠어요." 이윽고 조니가 말했다.

"너희들, 실 사러 온 게 아니지?" 그 남자가 비웃었다. "전에도 우리 가게에 너희 같은 너저분한 녀석들이 왔었지. 그런 녀석들한테서는 한 시도 눈을 뗄 수가 없어."

조니의 얼굴이 확 달아올랐다. 비록 그의 옷이 초라하기는 하지만 누더기는 아니었다. 그는 즉시 그 가게에서 걸어나가고 싶었지만, 어머니가 실을 사오라고 하셨다. 그런데 그는 실 파는 가게가 또 어디 있을지 알 수가 없었다. 실을 사지 않고 집에 돌아갈 수는 없었다.

결국 그는 실패 한 개를 가리켰다. "이 색깔인 것 같아요." 그가 천천히 말했다.

그 여자 점원이 실패를 건네주고 그의 돈을 받았다. 두 소년은 서둘러 문 쪽으로 걸어갔다. 될 수 있으면 빨리 가게에서 나가고 싶었다.

그들이 문 앞에 다다랐을 때 조니는 자기 헝겊이 바닥에 떨어져 있는 것을 발견했다. 그는 멈춰서 그것을 집었다. 틀림없이 돈을 꺼내다가 헝겊을 흘린 것이다. 이제 그는 헝겊과 실을 비교해보았다. 색깔이 맞지 않았다!

조니가 자기 뒤를 바짝 따라오고 있던 그 남자에게 몸을 돌렸다. "아저씨." 그가 말했다. "색깔을 잘못 골랐어요. 제가 잃어버렸던 헝겊이 여기 있어요. 이 헝겊과 같은 색 실로 바꿔 주시겠어요? 네?"

그 남자가 조니를 뚫어지라 쳐다보았다. "그게 내 잘못이냐?" 그가 퉁명스럽게 말했다. "넌 실을 사고 돈을 냈어. 아무도 그 색깔 사라고 한 사람 없다. 그런데 뭣 때문

"이제 썩 나가!"

에 내가 그걸 바꿔준단 말이냐?"

"왜냐하면 색깔이 다르기 때문이에요. 이건 가져가야 소용없어요. 엄마는······"

"네 어머니가 널 가게에 보낸 게 잘못이야. 이렇게 간단한 심부름도 제대로 못 하고 바보 같은 실수를 저질렀으니. 자, 난 바쁘니까, 얼른 나가 봐."

"하지만 전 이 실을 가게 밖으로 가지고 나가지도 않았어요!" 조니가 계속 버텼다. "실은 멀쩡해요. 제가 만일 돈이 더 있다면 또 하나 사겠지만, 돈이 없어요. 제발 이 실을……"

이제 모두 다 그를 쳐다보았다. 어떤 사람들은 가엾다는 듯이 소곤거렸다. 어떤 사람들은 왜 이렇게 소란스러우냐는 듯이 투덜거렸다.

그 남자가 문을 열었다. "그만 나가!" 그가 거칠게 말했다. "넌 스스로 물건을 샀어. 그러면 끝이야. 이제 썩 나가!"

두 소년은 밖으로 나왔다. 조니는 너무 화가 나서 몸이 덜덜 떨렸다. "다시는 이 가게에 오지 않을 테야!" 그가 격렬하게 소리쳤다. "저 고약하고 미련한 사람 같으니. 그런 사람은 장사에 맞지 않아."

"하지만 그가 옳아, 조니." 영 존이 말했다. "아무도 그 색깔을 고르게 만들지 않았어. 그러니까 네가 물건을 살 땐……"

"그는 옳지 않아!" 조니가 거의 눈물을 머금으며 말했다. "그는 틀렸어. 점원이 손님을 화가 나서 나가게 하면 무조건 틀린 거야. 만일 내가 가게를 한다면, 모든 손님이, 아무리 어리고, 아무리 가난해도, 아무리 물건을 조금 사도, 가게에서 나갈 때 기분 좋게 나가고 다시 돌아오고 싶게 만들 거야."

"그랬다간 쫄딱 망해서 빈민굴에 들어가겠네." 영 존이 말했다. "장사라면 상점 주인들이 너보다 더 잘 알 거야, 조니 워너메이커. 일단 손님이 물건을 사고 나면, 아무도 바꿔주지 않아. 왜 그런지 알아? 그래야 물건을 더 팔 수 있으니까. 만일 어떤 사람이 실수로 물건을 잘 못 사면, 다시 와서 다른 물건을 또 사야 하거든. 그러면 가게는 물건을 두 개 팔 수 있어."

"하지만 그는 나에게 물건 두 개를 팔지 못했어." 조니가 쓰라린 마음으로 말했다. "앞으로도 절대로 나에게 못 팔 거야"

"이제 잊어버려. 난 램프를 사야 해. 그러니까 내가 램프 고를 때 실수하지 않도록 단단히 지켜봐 줘."

영 존이 웃었다. 그러나 조니는 너무 화가 나서 미소도 지을 수가 없었다. "두고 봐." 그가 내뱉었다. "난 절대로 빈민굴에 들어가지 않을 테니까. 단단히 두고 봐!"
그들은 이제 길모퉁이에서 서서 기다렸다. 조니는 간즈 씨가 데리러 왔을 때까지도 여전히 마음이 풀리지 않았다.

5
빨간 가죽 성경책

조니와 윌리는 벅스 로드에서 달리기 경주를 했다. 종달새, 찌르레기, 큰 어치의 찢어지는 노랫소리가 들렸다. 두 소년은 주일학교에 가는 길이었다.

달리던 조니가 걷기 시작했다. "작년에는 일요일이면 우리가 담장 위에 앉아 새 노랫소리 듣고, 바이올렛 꽃과 버터컵 꽃을 따서 엄마께 갖다 드렸지. 하지만 이제는 주일학교에 가야 해. 그것도 재미있어."

"영 존과 수잔이 우릴 기다리고 있을까?" 윌리가 말했다. 그는 그들이 으레 기다리고 있던 모퉁이를 열심히 바라보았다.

"물론이지. 항상 기다리잖아. 봐, 수잔이 빨간 보닛을 쓰고 서 있네. 우리 뛰어가자!"

또다시 두 소년은 고개를 뒤로 젖히고 온 힘을 다해서 달렸다.

"안녕, 영 존! 안녕, 수!" 조니가 달려오며 소리쳤다.

"너 숙제 다 했어, 조니?" 영 존이 물었다. "산수 숙제 다 했어?"

"보나 마나지!" 수잔이 조니 대신 대답했다. "조니는 항상 숙제를 다 하잖아. 하지만 윌리는 다르지. 윌리는 숙제 하는 걸 못 봤어."

"난 숙제 안 해도 돼." 윌리가 심술이 나서 말했다. "난 조니처럼 커서 목사가 되지 않을 거니까. 엄마는 조니에게 목사가 되라고 하셨어."

수잔이 고개를 끄덕였다. "나도 알아. 조니, 그럴 거야? 넌 아주 훌륭한 목사가 될 것 같아."

조니가 고개를 흔들었다. "모르겠어, 수. 어떨 땐 목사

수: 또는 수지. 수잔의 애칭

가 되고 싶었다가, 또 어떨 땐 다른 게 되고 싶어. 아직 모르겠어."

네 아이들은 랜드브레스 씨가 소유한 작은 집으로 걸어갔다. 랜드브레스 씨는 부자였다. 커다란 집에 널찍한 잔디밭, 그리고 나무들이 많이 있는 정원이 있었다. 그 나무들은 전 세계에서 수입한 것이었다. 정원 한쪽 끝에는 작은 집이 있었다. 원래 정원사가 살던 집이었는데, 지금은 비어 있었다. 랜드브래스 씨는 그 집에서 주일학교를 해도 좋다고 말했다.

조니는 할아버지가 문간에 서 있는 모습을 보았다. "존 할아버지는 언제나 일찍 오셔." 그가 말했다. "우리가 먼저 온 적이 없으니까. 할아버지는 주일학교 가르치는 걸 좋아하시나 봐."

영 존이 웃었다. "할아버지는 주일학교 건물을 깨끗이 치우려고 일찍 나오시는 거야. 헐록 씨와 함께 청소하시는데 할 일이 정말 많다고 하셨어."

"헐록 씨는 좋은 선생님이야." 조니가 말했다. "하지만 심슨 선생님처럼 세인트 패트릭의 날 잔치를 하지는 않으셔. 저기 선생님이 계신다. 학교에서 또 잔치했으면······."

"학교에서 매일 가르치시는데, 일요일에도 또 주일 학교에서 가르치고 싶으실까?" 영 존이 중얼거렸다.

아이들이 양 사방에서 주일학교로 몰려왔다. 그들이 들어갈 때 존 할아버지와 헐록 씨가 인사를 했다. "주일학교가 점점 커지는구나." 존 할아버지가 미소를 지었다.

주일학교가 끝나자 헐록 씨가 말했다. "너희들이 만일 성경책이 있다면, 주일학교에 안 와도 혼자서 언제든지 성경을 공부할 수 있단다. 이 좋은 책을 읽으면 너희 자신을 위한 행복을 찾을 수 있지."

그는 자기 성경책을 들어 보였다. 그것은 작고 빨간 가죽 성경이었다. 조니는 이 세상 무엇보다도 그 성경책이 갖고 싶었다.

"도시의 책방에 가면 이 성경이 몇 권 더 있어." 선생님이 계속 말했다. "값도 비싸지 않아. 너희들 중 이 책을 주문하고 싶은 사람이 있다면, 내가 다음 일요일에 사가지고 올게."

주일학교가 끝난 뒤 조니는 헐록 씨에게 갔다. "제가 그 성경책 갖고 싶어요. 한 권 사다 주시겠어요?"

헐록 씨가 조니를 쳐다보았다. "부모님이 괜찮다고 하

시겠니?"

"물론이에요." 조니가 확신에 차서 말했다. "엄마는 제 성경책이 있어야 한다고 여러 번 말씀하셨어요. 제가 목사가 되기를 원하시거든요. 성경책 없이 어떻게 목사가 되겠어요? 그리고 저는 돈이 있어요." 그가 자랑스럽게 말했다. "제가 벌었어요."

"그럼 내가 사서 다음 일요일에 가져오마." 선생님이 말했다.

조니는 성경책을 생각하니 무척 기뻐서 다음 주 일요일까지 기다릴 수가 없었다. 힐록 씨는 그 성경책이 비싸지 않다고 했다. 조니는 값이 얼마인지 물어볼 생각을 하지 못했다. 그는 자기 동전을 모아놓은 작은 상자를 열어, 그것을 침대 위에 쏟아서 세어보았다. 37개였다. 이 정도면 이 세상 그 어떤 책이라도 살 수 있을 것이다. 아니, 그 정도가 아니다! 이 돈이면 감자 한 부셸이나 건초 한 더미를 살 수 있지 않은가! 그러니 그렇게 작은 책 한 권쯤이야! 틀림없이 그걸 사고도 돈이 남을 것이다.

일요일 아침 그는 서둘러 주일학교로 갔다. 주머니 속에서 동전이 짤랑거렸다. 그는 일찍감치 가서 힐록 씨가 올

때까지 기다렸다. 그가 선생님을 보자마자 소리쳤다. "성경책 가져오셨어요?"

선생님이 싱글벙글 미소를 지었다. "그럼, 조니. 여기 있다."

그는 조니에게 꾸러미를 주었다. 조니는 포장지를 찢었다. 이제 그의 손에 성경책이 들려 있었다. 정말 예쁘구나! 빨간 가죽표지 위에 금박으로 글씨가 쓰여있었다. 조니는 사랑스러운 듯이 그 책을 손바닥으로 쓰다듬었다.

그리고 기억이 난 듯 손을 주머니에 넣었다. "얼마예요?"

"2달러 75센트야." 힐록 씨가 말했다. "아주 좋은 값이지."

조니의 손이 주머니 속에서 굳어버렸다. 그는 얼어붙은 듯 말없이 서서 그 책을 쳐다보았다. "2달러 75센트라고요?" 그가 속삭였다.

"그래, 조니. 책의 품질에 비하면 아주 싼 값이야."

조니는 입이 말라붙었다. 그는 입술을 다셨다. 그리고 그 책을 선생님께 내밀었다. "제가 실수한 것 같아요. 이 책을 살 수가 없어요."

힐록 씨가 고개를 흔들었다. "하지만, 조니. 그걸 사겠다고 하지 않았니? 그리고 나는 네 부모님이 허락하시는

"제가 지금 가진 돈은 이제 전부예요.

지 물어봤잖니? 게다가 넌 네 돈이 있다고 했고."

"있어요." 조니가 마음이 쓰린 듯 말했다. "하지만 충분하지 않아요. 어림도 없어요!"

"책을 가게에 돌려줄 수는 없어, 조니. 너도 알지? 일단 물건을 한 번 사면 끝이라는 거."

그렇다. 조니도 알고 있었다. 그는 실을 사서 그 가게 밖으로 나가지도 않았으나 바꿀 수 없었다. 헐록 씨는 그 책을 돌려줄 수 없다. 조니는 선생님이 얼마나 난처한지 알 수 있었다. 헐록 씨는 조니를 도와주려고 했을 뿐이다. 조니는 선생님이 입고 있는 초라한 싸구려 양복과 낡아빠진 구두를 보았다. 그는 가난했다. 2달러 75센트를 포기할 만한 여유가 없었다.

"네 아버지가 널 위해 그걸 사주시지 않을까?" 힐록 씨가 물었다.

조니가 결심한 듯 고개를 흔들었다. "제가 산 거예요." 그가 말했다. "그러니까 제가 돈을 내겠어요. 하지만 오늘 다 드릴 수는 없어요." 그는 주머니에서 손을 꺼내 37센트를 내밀었다. "제가 지금 가진 돈은 이제 전부예요. 저는 이거면……." 그가 침을 꿀꺽 삼켰다. 빨간 가죽 성경을 37센트로 살 수 있다고 생각한 자기가 얼마나 어린 아기 같았는지 힐록 씨에게 말해 봐야 소용없었다.

선생님은 팔로 조니의 어깨를 감쌌다. "조니, 내가 이 돈만 받고 이 성경을 너에게 줄 수 있다면 좋겠어. 하지만 그럴 여유가 없구나." 그의 목소리가 떨리는 것 같았다.

조니는 어깨를 쭉 폈다. "아니요, 그러고 싶지 않아요. 지금 이 돈을 받으시면, 제가 일요일마다 돈을 더 가져오겠어요. 성경책값을 모두 갚을 때까지. 그래도 될까요?"

힐록 씨가 조니의 어깨를 꼭 쥐었다. "물론이지. 네가 스스로 이 성경책을 사겠다니 참 대견하다. 그러면 넌 다른 사람이 사준 것보다 이 책을 더 소중하게 여기게 될 거야."
'그리고 새로운 걸 배웠어요.' 조니가 생각했다. '이제부터 전 물건을 사기 전에 반드시 값을 물어봐야겠어요.'

6
벽돌 뒤집기

그는 그날 주일학교 공부가 거의 귀에 들어오지 않았다. 그의 머리는 생각하느라 바빴다. '벽돌 공장에서 내가 벽돌 100장을 뒤집으면 아빠가 나에게 2센트를 주신다. 나는 혈록 씨에게 238센트를 드려야 한다. 그러면 나는 벽돌 100장씩 119번 뒤집어야 한다……' 그가 한숨을 쉬었다.

조니는 엄청난 일을 벌인 것이다. 그가 돈을 벌 수 있는 유일한 길은 벽돌 공장에서 일하는 것이었다. 그것은 힘든 일이었고, 조니는 그 일을 좋아하지 않았다. 그러나 그

는 돈을 벌기 위해서 그 일을 했다.

다음 날 학교가 파하자마자 조니는 벽돌 공장으로 갔다. 조니의 집에서 멀지 않은 강기슭에 있었다. 존 할아버지의 공장이었다. 조니의 아버지는 봄, 여름, 가을 동안, 땅이 눈에 덮일 때만 아니면 거기서 일했다. 그래야만 강기슭에서 붉은색 찰흙을 가져올 수 있었고, 날이 따뜻해야 벽돌을 말릴 수 있었다.

"아, 이거 누구야, 조니잖아!" 아버지가 반가워했다. "오늘은 늑장부리지 않고 빨리 왔구나. 일을 해야 할 중요한 이유가 있는 게로구나."

조니가 심각한 표정으로 끄덕거렸다. 그는 부모님에게 성경책에 관해서 말씀드렸고, 부모님은 조니가 직접 돈을 벌어 갚아야 한다는 점에 동의했다.

"오늘 벽돌 뒤집을 거 있어요?" 그가 물었다. "성경책 살 돈을 벌어야 해요."

"오늘은 없어, 조니. 샘과 톰이 막 찰흙을 밟고 있거든."

조니는 그 두 사람이 일하는 곳으로 갔다. 강기슭에서 가져온 찰흙을 기다란 통에 넣고 한동안 물에 적셔 놓았다가 그 흙을 바닥에 뒤집어 쏟아 놓았다.

샘과 톰은 진 바지를 무릎 위로 걷어붙였다. 그리고 축축한 찰흙을 맨발로 밟았다. 발로 밟을 때 발가락을 구부려서 마치 빵 반죽을 주무르듯 찰흙을 부드러운 반죽으로 만들었다. 철썩, 철썩, 철썩, 철썩. 계속해서 맨발로 밟았다.

"나도 찰흙을 밟을 수만 있다면……" 조니가 부러운 눈으로 바라보았다. "벽돌 공장에서 저 일이 제일 재미있겠는데."

샘이 웃었다. "넌 맨발로 길바닥에서 진흙을 얼마든지 밟잖아."

"발가락 사이로 삐직삐직 삐져나오는 느낌이 좋을 것 같아."

"네가 나나 톰처럼 몸집이 크고 힘이 세지면, 네 아버지가 허락하실 거야. 하지만 모든 찰흙 반죽을 똑같이 부드럽게 하는 법을 배워야 해. 그렇지 않으면 벽돌이 모두 제각각이 되거든. 그러면 네 할아버지가 싫어하시지."

"잘 보고 있다가 배울게." 조니가 약속했다. "맨발로 다닐 때 진흙 밟는 것도 연습할게."

"가서 아버지께 흙 반죽이 완성되었다고 알려드려." 톰이 말했다.

조니가 밖으로 뛰어 나가 아버지에게로 왔다. 아버지는 말리고 있는 벽돌을 보고 있었다. "반죽이 완성됐어요!" 그가 소리쳤다. "반죽이 완성됐어요."

조니의 아버지 넬슨 워너메이커가 헛간으로 왔다. 조니는 뛰어가서 벽돌 만드는 틀을 가져왔다. 그리고 묵직한 나무 물동이를 낑낑 끌고 오면서 말했다. "여기 벽돌 틀을 적실 물도 있어요!"

"오늘은 아주 도움이 많이 되는구나!" 아버지가 웃었다. 그는 벽돌 틀을 물에 담갔다가 꺼낸 뒤 깨끗한 모래 속에 집어넣었다. 그러면 흙 반죽이 틀 안쪽에 들러붙지 않는다. 그리고 나서 자기 앞에 놓인 작업대 위에 그 틀을 놓았다. 이제 흙 반죽을 한 줌 떼더니 짓이기기 시작했다.

조니는 옆에 서서 눈과 입을 떡 벌린 채 구경했다. 이 부분이 벽돌 만들기에서 가장 흥미로운 부분이었다. 그는 항상 그 구경을 좋아했다.

아버지는 한 줌 떼어낸 흙 반죽을 이기고 굴리며 단단해질 때까지 주물렀다. "마치 빵 반죽 주무르는 것 같아."

짓이기다: 반죽이 고루고루 부드럽게 되도록 여러 번 주무르는 것

그때 아버지가 그 흙덩어리를 머리 위로 높이 쳐들었다.

조니가 생각했다. 그때 아버지가 그 흙덩어리를 머리 위로 높이 쳐들었다. 조니는 그것을 보려고 고개를 완전히 뒤로 젖혔다.

"조심해!" 샘이 소리쳤다. "네 아버지가 그 반죽을 놓치기라도 하면……."

그러나 그는 놓치지 않았다. 절대로 놓치는 법이 없었다. 그는 그 덩어리를 재빨리, 힘차게, 내려쳤다. 조니가 보기에 아버지는 흙덩어리를 어디다 내리치는지 보지도 않는 것 같았다. 그러나 그 반죽은 벽돌 틀에 들어가 구석구석을 완전히 채웠다.

조니가 웃었다. "만일 엄마가 빵 반죽을 빵틀에 그런 식으로 넣으면 어떨까요? 그러면 빵이 아주 딱딱해지겠죠?"

"훌륭한 요리사들 중에는 빵 반죽을 빵틀에 던져 넣는 사람이 많아." 아버지가 대답했다. "힘차게 내리치면 더 맛있다고 생각하거든. 벽돌 틀에 조금도 빈틈이 생기지 않으려면, 그렇게 해야 해."

이제 넬슨 워너메이커의 힘센 손이 그 흙덩어리를 단단히 눌렀다. 그리고 나서 판판한 나무판자로 틀 위를 긁어

냈다. 쓸데없는 흙덩이를 모두 제거하는 것이다.

그는 손목을 살짝 비틀면서 벽돌 틀을 옆으로 세운 뒤 손으로 살짝 쳤다. 그 순간 완벽하게 네모진 벽돌이 떨어져 나왔다. 조니는 놀랍다는 듯이 쳐다보았다.

"와!" 조니가 감탄했다. "벽돌 한 개다! 벽돌 한 개 만드는데 정말 일을 많이 해야 하는군요!"

"벽돌 한 개가 아직 완성품은 아니지." 아버지가 미소를 지었다. "완성되려면 아직 멀었단다. 소년을 불러라."

"배달!" 조니가 고함쳤다.

소년이 달려왔다. 그는 젖은 벽돌이 놓여있는 나무판을 들었다. 그리고 그 위에 또 다른 나무판을 얹었다. 두 판 사이에 놓인 벽돌을 말리는 곳으로 가져갔다.

"일그러지지 않게 해!" 조니가 주의를 시켰다. "떨어뜨려도 안 돼. 그러면 아빠가 처음부터 다시 해야 하니까."

그 소년이 빙긋이 웃었다. "그럼 난 다른 일자리를 구해야 하게? 너희 아버지는 일그러진 벽돌을 싫어하시니까."

그 소년이 떠나자, 조니 아버지는 흙 반죽을 또 한 줌 떼서 짓이기기 시작했다.

조니는 아버지가 얼마나 빠르게, 얼마나 정확하게 일하는지 보고 감탄했다. "아빠는 틀림없이 펜실베니아 최고의 벽돌공이에요." 조니가 말했다. "아니 이 세상 최고의 벽돌공이에요."

"네 할아버지가 최고 중 한 분이지. 하루에 벽돌 5천 장을 만들 수 있거든. 흙 반죽 이기는 사람들, 배달부들만 열심히 한다면."

"아빠는 몇 장 만들 수 있어요?"

넬슨 워너메이커가 웃었다. "나도 하루에 5천 장은 만들 수 있지. 존 할아버지를 본받아야 하니까!"

두 번째 벽돌이 모양을 갖추자, 조니가 말했다. "아빠, 제가 나를게요. 조심할게요."

아버지가 고개를 끄덕였다. 조니는 두 나무판자 사이에 벽돌을 넣고 아주 조심스럽게 말리는 곳으로 가져갔다.

그것을 첫 번째 벽돌 옆에 살살 놓았다. 그리고 주변을 둘러보았다. 아버지는 아직 뒤집을 벽돌이 없다고 말했다. 그러나 어쩌면 있을지도 모르겠다.

그는 천천히 일렬로 늘어서서 마르고 있는 벽돌 사이를 왔다 갔다 했다.

젖은 벽돌은 가마에 넣을 수 없다는 것을 조니는 알았다. 그러면 뜨거운 열에 벽돌 바깥 부분은 마르지만, 안쪽은 여전히 젖어 있기 때문에 벽돌이 갈라진다. 그러므로 젖은 벽돌은 공기 중에 천천히, 그리고 고루고루 말려야 한다.

조니는 걸어가면서 모든 벽돌을 관찰했다. 때때로 그는 손으로 만져보기도 했다. 윗부분이 다 마르면, 그것을 뒤집어서 반대편을 말려야 한다. 그러나 아버지가 옳았다. 오늘은 뒤집을 수 있는 벽돌이 하나도 없었다.

배달부 소년이 또 다른 벽돌을 가져왔다. "오늘 아침에 가마 하나를 채웠어." 그가 설명했다. "마른 벽돌을 모두 구웠거든. 그리고 나자 내가 할 일이 없어서 마른 벽돌을 모두 내가 뒤집었어."

"가마에서 꺼낸 벽돌은 어디 있어?" 조니가 물었다.

그 소년이 마당을 가리켰다. 조니는 달려가서 빨간 벽돌이 단정하게 쌓여 있는 모습을 보았다. 도시에 사는 사람들이 존 할아버지의 벽돌로 집을 짓고 싶어하는 것도 당연하다. 그 벽돌은 아주 붉었다! 필라델피아에 새로 짓는

가마: 벽돌 굽는 오븐

좋은 집들은 거의 그 벽돌로 집을 지었다.

　오늘은 헐록 씨에게 드릴 돈이 없구나! 조니가 생각했다. 하지만 크게 실망하지는 않았다. 벽돌 뒤집는 일은 몹시 지루한 일이었기 때문이다. 내내 허리를 굽히고 일하고 나면 허리가 아팠다. 벽돌이 너무 거칠어서 손을 다치기도 했다. 오후의 뜨거운 해가 내리쬐면 이마에서 땀이 흘러 눈에 들어갔다. 차라리 내일 와서 돈을 벌어야겠다.

　조니는 계속해서 틈이 날 때마다 벽돌 공장에 가서 벽돌을 뒤집었다. 그는 둥근 지붕 모양의 가마 뒷 편에 그 날 뒤집은 벽돌 개수를 숯으로 적어놓았다. 토요일이 되면 조니는 그 숫자를 모두 더했고, 그러면 아버지가 그에게 돈을 주었다.

　"산수를 잘 할 수 있어 다행이야." 조니가 혼자서 말했다. "헐록 씨에게 빚진 돈이 얼마나 남았는지 계산할 수 있으니까."

　그러던 어느 일요일 아침이었다. 조니는 선생님에게 18센트를 드렸다. 그 작은 성경책을 받은 지 일 년 반이 지난 뒤였다. "이게 마지막이에요." 그가 벙글거리며 말했다. "이제 그 성경책은 진짜로 제 거예요."

"산수를 잘 할 수 있어 다행이야."

힐록 씨가 미소를 지었다. "어른 몫을 해냈구나, 조니. 네가 정말 자랑스럽다."

7
돈을 쉽게 버는 방법

 "벽돌 뒤집는 것 보다 더 쉽게 돈을 벌 수 있는 방법이 틀림없이 있을 텐데……"

어느 더운 여름날 오후 조니가 제이콥에게 말했다. 그는 오전 내내 벽돌 공장에서 일했다. 허리는 아프고 손에는 물집이 생겼다. 얼굴은 울상이었다.

제이콥은 맨발로 벅스 로드의 돌멩이를 찼다. 두 소년은 길가에 있는 바위에 앉아 있었다. 코네스토가 수레들이 종소리를 짤랑거리며 도시를 오가고 있었다.

"개구리 다리를 팔아서 감자 대신 돈을 벌면 어때?" 제이콥이 희망에 차서 물었다. 그는 조니가 홀소플 씨와 거래에서 대단히 영리했다는 사실을 잊을 수가 없었다.

조니가 고개를 흔들었다. "이제 여름이니까 개구리 다리는 먹고 싶으면 누구든지 실컷 잡을 수 있어. 큰 소년들이 밤마다 나가서 개구리를 잡거든. 우리가 그때 홀소플 씨에게 그걸 팔 수 있었던 것은 아무도 개구리를 잡을 때가 아니었기 때문이야."

제이콥이 다시 생각했다. 그때 막 큰 코네스토가 수레가 지나갔다. 점박이 말들이 머리를 흔들어댔다. 입에서 흘러내리는 흰 거품이 먼지 나는 길 위에 떨어졌다.

"코네스토가 수레만 있다면!" 조니가 말했다. "그러면 도시에 가서 물건을 실어 와서 팔 수 있을 텐데……"

"넌 그럴 수도 있겠지. 어쩌면." 제이콥이 말했다. "난 물건 파는 게 재미없어. 어쨌든 우린 코네스토가 수레도 없고, 팔 물건도 없으니까."

"조용히 해봐, 내가 생각 좀 하게." 조니가 말했다.

"생각! 생각!" 제이콥이 투덜댔다. "넌 생각을 너무 많이 하기 때문에 절대로 돈을 못 벌 거야."

"돈을 벌려면 생각을 해야 해." 조니가 반박했다. "어떤 사람들은 열심히 일하지만 돈을 못 벌어. 생각을 안 하기 때문이야."

이윽고 그가 말했다. "무슨 방법이 있는지 찾아내야만 해. 그게 최선이야. 눈을 뜨고 찾아보면, 이곳 사람들이 뭘 원하는지 알아낼 수 있을지도 몰라. 그러면 그것을 가져다가 팔 수 있을지도 모르지."

제이콥은 실망한 듯이 보였다.

그러나 조니는 그가 생각해낸 그 계획을 실행에 옮겼다. 그는 가는 곳마다 사람들이 무엇을 원하는지, 자기가 그것을 가져다 팔 수 있는지 관찰하고 귀를 기울여 들었다. 그러나 몹시 낙심되었다. 사람들이 원하는 것은 옷, 벽돌, 수레, 책, 그릇, 램프, 말…… 그런 것들은 조니에게 없었고, 얻을 수도 없는 것들이었다.

어느 날 아침 그는 어머니가 일하고 있는 크고 환한 부엌에 들어왔다. 엘리자베스가 어머니를 조르고 있었다. "엄마, 한 번만." 그녀가 졸랐다. "한 번만, 한 번만, 응? 나한테 한 번만 줘!"

"안 돼." 어머니가 엄하게 말했다. "향수는 어른들이 사용하는 거지, 어린아이들 게 아니야."

"향수?" 조니가 물었다. 그는 그 말을 들어본 적이 있었지만, 무슨 뜻인지 전혀 몰랐다. "엄마, 향수가 뭐예요?"

"아, 향기 나는 물이야. 아주 비싼 거야. 그러니까 어린 아이들이 가지고 놀면 안 돼."

"왜 비싸요?" 조니가 계속 물었다.

"독일에서 건너왔거든. 큰 바다를 건너서. 엄마 향수는 아빠가 선물로 주신 거야. 아빠가 지난번에 도시에 가셨을 때 작은 병을 하나 사오셨지. 배에서 방금 내린 거라고 하셨어. 다음에 언제 또 배가 향수를 가져올지 알 수 없어. 그러니까, 엘리자베스, 너에게 향수를 줄 수 없단다. 알겠지?"

조니는 흥분하기 시작했다. 여기 아주 간단한 것이 있었구나! 향기 나는 물이라! 여자들은 그런 걸 얻으려고 서슴없이 많은 돈을 준다. 만일 독일 사람들이 만들 수 있는 거라면, 미국 사람도 만들 수 있을 것이다.

"엄마, 한 번 보여주실래요? 저는 바르고 싶은 게 아니에요. 그냥 어떻게 생겼는지 보고 싶어요. 제가 한 번도 본적이 없는 거죠?"

"아, 네가 본 거야. 엄마 서랍장 위에 놓인 작은 파란색 병 있잖아. 바로 그거야. 하지만 이리 와. 내가 한번 보여 줄게. 엘리자베스 손에 한 방울 떨어뜨려 줘야겠다."

조니와 여동생은 계단을 올라가 어머니 침실로 갔다. 엘리자베스는 아기자기한 카펫에서 서랍장까지 깡총깡총 춤을 추듯 걸었다. 서랍장도 아기자기했다. 그 위에는 색색 가지 병들이 놓여 있었다. 그림이 그려진 상자 속에는 어머니가 손수건과 아름다운 레이스 칼라들을 넣어놓았다.

"저것 봐! 저거 야!" 엘리자베스가 가리켰다.

"그래. 저거 야!" 워너메이커 부인이 대답했다. 그녀는 올록볼록 무늬가 있는 하늘색 유리병을 집었다. 올록볼록 무늬는 나머지 병보다 조금 더 밝은 하늘색이었다.

조니의 어머니는 뚜껑을 열고 그 예쁜 병을 조니 코 밑에 갖다 댔다. 그가 냄새를 맡았다. 냄새가 참 좋았다. 그는 한쪽 눈을 감고 다른 눈으로 병 속을 들여다보며 향수가 어떻게 생겼는지 보려고 했다. 그것은 단순히 물과 같았다. 그런데 여자들은 그것을 사려고 돈을 준다니!

어머니는 아주 작은 방울을 손에 떨어뜨렸다. 그녀가 손을 내밀자 조니는 그것이 물방울과 다름없다는 것을 보았다. 아무 색깔도 없었다. 그리고 어머니는 엘리자베스의 작은 손에 그 향기 나는 액체를 문질러 주었다. 엘리자베스는 자기 두 손을 냄새 맡았다.

그 어린 소녀는 좋아서 어쩔 줄 몰랐다. 그녀는 발가락으로 서서 춤을 추었다. 향기로운 두 손을 공중에 대고 흔들었다.

"조니, 너도 조금 줄까?" 어머니가 물었다. "이리 온."

"아니요! 그것 바르면 남자 같지 않아요. 여자들에게는 좋겠지만."

어머니가 미소를 지었다. 그녀는 병뚜껑을 닫아서 다시 서랍장 위에 올려놓았다. 그리고 모두 아래층으로 내려갔다. 엘리자베스는 여전히 공중에 손을 흔들며 방안을 깡충깡충 뛰어다녔다.

조니는 밖으로 뛰어 나가 들판을 가로질러 제이콥 집으로 갔다. "제이크!" 그가 소리쳤다. "제이크, 찾았어! 진짜 찾았어!"

존 롱 삼촌 헛간에 있던 제이콥은 농장에서 일하는 큰 말을 손질하고 있었다. 그는 너무 키가 작아 그 점박이 말 등에 손이 닿지 않았다. 그래서 말구유 끝에 서서 온 힘을 다해서 일하고 있었다. "헛간으로 와, 조니!" 그가 조니의 목소리를 듣자 고함쳤다.

조니는 헛간 문에 가서 멈췄다. "제이크, 우리가 만들어서 팔 수 있는 걸 찾아냈어!"

제이콥은 구유에서 기어 내려와 손에 솔을 든 채 햇빛으로 나왔다.

조니가 코를 킁킁거렸다. "네 몸에서 말 냄새가 나." 그가 말했다. "네가 내 첫 번째 손님이 돼야겠어."

"뭘 만들 건데?"

"향수! 당장 시작하자. 우리 둘 다 돈을 많이 벌 수 있어!"

"향수?" 제이콥은 별로 관심이 없었다. "그게 뭔데?"

"향기를 넣은 물이야. 여자들은 그걸 손이나 얼굴에 발라. 그래서 여자들이 그렇게 냄새가 좋은 거야. 그런데 무지하게 비싸, 엄마가 그랬어. 하지만 우리는 그걸 직접 만들어서 돈을 많이 받고 팔 수 있어."

"글쎄." 제이콥이 의심스러운 투로 말했다. "물이야 얼마든지 구하겠지. 하지만 어디서 향기를 구해? 얘기해 봐, 조니 워너메이커! 그 생각은 못 했지, 안 그래?"

"장미꽃에서!" 조니가 의기양양하게 말했다. "엄마 꽃밭에는 장미꽃이 수백 개나 있어. 장미보다 더 좋은 향기가 어딨어? 우리가 그 장미를 따서 즙이 나올 때까지 으깨는 거야. 그리고 그 향기 나는 즙을 물에 섞는 거야."

제이콥도 흥분하기 시작했다. 조니는 늘 새로운 아이디어로 제이콥을 흥분하게 만들 수 있었다. "네 엄마가 장미꽃 가져도 된다고 하셨어?" 그가 물었다.

"가서 물어보자. 지금!"

두 소년은 다시 들판을 가로질러 조니의 집으로 달려갔다. 집에 가니 워너메이커 부인이 여동생 둘을 데리고 엘리자베스 할머니 집에 가고 안 계셨다. 집에는 윌리밖에 없었다.

"일단 장미꽃을 따자." 조니가 말했다. "엄마가 상관 안 하실 거야."

제이콥이 뒤로 물러섰다. "화내시면 어떡해?"

"화 안 내실 거야. 내가 따고 싶을 때 따면 아무 말도 안 하셨어. 한번은 장미꽃들을 따서 엘리자베스 머리에 화관을 만들어주었는데, 엄마는 웃기만 하셨어. 심지어 엄마는 장미꽃을 한 다발 따서 다른 사람에게 주시기도 하는걸!"

"내가 도와줄까?" 윌리가 졸랐다. "뭐 하는데?"

"응, 너도 와! 난 가서 그걸 담을 큰 냄비를 가져올게."

소년 세 명은 워너메이커 부인의 장미꽃밭으로 갔다. 그녀가 소중히 여기는 꽃밭이었다. 어머니는 거의 날마다 그 정원에서 일을 했다. 담장에는 분홍 장미넝쿨이 기어 올라가고, 바닥에서 네 줄로 자라는 장미 덤불에는 꽃이 만발해 있었다.

그들은 열심히 꽃을 따기 시작했다. 고랑 사이를 다니며 보이는 꽃이란 꽃은 모조리 땄다. 윌리는 왜 장미꽃을 따는지 몰랐다. 형과 사촌을 돕는다는 사실만으로도 충분했다. 그들은 꽃을 냄비 속으로 던져 넣었다. 그들은 계속해서 꽃을 땄다. 그러나 아무리 따도 냄비가 가득 차지 않는 것 같았다.

장미꽃을 모두 따고 나자 소년들은 그 큰 냄비를 끌고 헛간 옆 그늘로 가서 작업을 시작했다. 조니는 부엌에서 가져온 기다란 칼로 장미꽃을 잘게 다졌다. 제이콥과 윌리는 냄비에서 장미꽃을 꺼내서 돌멩이로 으깼다.

꽃을 으깨니 약간 축축해졌지만, 물을 떠낼 만큼 즙이

"우린 부자가 되는 거야!"

나오지는 않았다.

"이것 봐, 조니!" 제이콥이 말했다. "이렇게 해서 어떻게 향기 나는 물을 얻을 수 있단 말이야?"

조니는 냄비를 쳐다보았다. 거기에도 물이라곤 거의 없었다. 아기 숟가락을 채울 만큼의 물도 없었다.

"모르겠어." 조니가 걱정된 듯 말했다. "이 장미꽃에 물이 더 많을 것 같았는데……."

"으깬 장미를 물속에 넣어보자. 그러면 향기가 많이 날지도 몰라." 윌리가 희망에 차서 말했다.

조니는 무거운 무쇠 냄비를 헛간으로 가져와서 그 속에 물을 계속 펌프질했다. 그리고 그 물을 커다란 나무 물통에 넣었다. "일단 물을 너무 많이 넣지 말아야겠어. 혹시 향기가 너무 강하면 그때 물을 더 넣으면 되니까."

소년들 세 명은 물통 주변에 둘러서서 허리를 굽히고 냄새를 맡았다. 장미꽃 냄새가 났다! 많이 나지는 않았지만, 장미꽃 냄새란 건 알 수 있었다.

"봤지!" 조니가 신이 났다. "내가 뭐랬어? 이렇게 하면 된다고 했지? 우린 부자가 되는 거야!" 그는 너무 흥분해서 물통에 들어가 껑충껑충 뛰었다.

바로 그때 어머니가 부르는 소리가 들렸다. 어머니 목소리는 조금 이상했다. 마치 화가 난 목소리 같았다.

조니와 윌리는 대답을 하려고 꽃밭으로 갔다. 제이콥은 들판을 가로질러 자기 집으로 달아났다. 숙모가 무슨 말을 할 때까지 기다리고 싶지 않았다. 그는 완전히 겁에 질렸다.

두 소년이 가보니 어머니가 장미꽃밭 옆에 서 있었다.

얼굴은 하얗게 질렸다. 눈은 놀라서 똥그래졌다. "조니." 어머니가 말했다. "여기 누가 왔었니? 이 꽃밭 좀 봐! 이럴 수가!" 이제 어머니 눈에서 눈물이 흘렀다. "이것 좀 봐!"

조니가 보았다. 색색의 아름다운 꽃들이 있던 자리에 이제는 부러진 줄기만 남았다.

"여기 누가 왔었니, 조니? 무슨 일이 있었니? 당장 말해 봐!"

조니가 고개를 떨어트렸다. 그는 차마 어머니 얼굴을 쳐다볼 수가 없었다. 그는 발가락을 흙먼지 속으로 박았다. "아무도 안 왔어요, 엄마. 제가 장미꽃을 땄어요."

"조니, 네가? 왜 이 아름다운 장미꽃밭을 망가뜨렸지? 어떻게 이렇게 못된 짓을 했단 말이야!"

"향수를 만들어서 팔려고 했어요. 지금 만들고 있어요."

"향수? 오, 조니, 향수를 어떻게 만들어! 설사 네가 만들 수 있다고 해도, 엄마 꽃을 딸 권리는 없어."

"나도 알아요, 엄마. 엄마가 꽃을 주실 줄 알았어요. 그런데 집에 와보니까 엄마가 안 계셔서……."

"핑계 대지 마라. 조니, 그걸 마음대로 따가면 안 된다는 걸 잘 알잖아. 윌리, 넌 왜 그랬니?"

조니가 동생 대신 말했다. "그냥 날 도와주려고 했어요. 윌리는 그러면 안 된다는 걸 몰랐어요. 내가 생각해낸 거예요."

"윌리도 알았어야 해. 이제 알만한 나이가 됐어. 설마 내가 남의 것을 허락 없이 가져가면 안 된다는 것도 모르는 아이들을 키운 건 아니겠지?"

"잘못했어요, 엄마." 조니가 침을 꿀꺽 삼켰다. "제가 값을 치를게요."

어머니 목소리는 부드러웠지만 엄격했다. 그녀는 아들의 눈을 똑바로 바라보았다. 그녀의 눈은 대단히 진지했다. "조니." 그녀가 힘주어 말했다. "어떤 것은 돈으로 치를 수 없는 게 있어. 하지만 네가 망가트린 것에 대해서 네가 할 수 있는 한 보상을 해라. 너랑 윌리는 매일 한 시간씩 이 꽃밭에서 일해야 해. 다시 꽃이 필 때까지. 엄마가 매일 꽃밭을 돌보느라 했던 일을 너희가 하는 거야. 잡초를 뽑고 지저분한 가지들을 솎아주고. 마른 소똥을 가져다가 땅에 뿌려라. 매일 한 시간씩. 잊지 마라."

그녀는 돌아서서 집으로 들어갔다.

조니는 윌리를 쳐다보았다. "그럼 내가 놀 시간이 많이 줄어들겠구나." 그가 한숨을 쉬었다. "벽돌 공장에서 일하고 나면 그나마 놀 시간이 없는데. 하지만……" 그가 어깨를 으쓱했다. "엄마가 옳아. 돈으로는 그 꽃을 보상할 수 없어. 게다가 난 돈도 없으니까."

윌리는 입술을 씰룩거렸다. 그는 앞으로 해야 할 힘든 일을 생각하니 울음이 나올 것 같았다.

조니가 갑자기 빙그레 웃었다. "윌리, 재미있을지도 몰라! 난 밭에서 일하는 걸 좋아하긴 해도, 아직 제대로 일해본 적이 없어. 내가 이것저것 가르쳐줄게. 이것 봐! 우린 꽃봉오리는 하나도 안 땄어. 조금 있으면 금방 장미꽃이 많이 필 거야."

윌리의 마음이 다시 밝아졌다. 씰룩거리던 입술이 이제 미소를 지었다.

"내가 잘못 생각한 것 같아." 조니가 말했다. "물건을 팔아서 돈을 버는 것은 벽돌을 뒤집는 것보다는 쉽겠지. 하지만 먼저 팔 물건이 있어야 해. 그리고 집에서 만든 향수로는 안 될 것 같아!"

8
서부로 간다!

"서부로 간다! 서부로 간다!" 윌리, 엘리자베스, 메리 엘렌이 합창했다. 나무 벤치에 앉아 발을 구르며 지나가는 기차 바퀴가 철커덕거리는 리듬에 맞추어 불렀다.

이제 열두 살이 된 조니는 아버지가 짐을 수레에 실으며 가족들이 편안하게 앉아서 갈 수 있도록 이리저리 짐 옮기는 것을 돕고 있었다. 그는 너무 바빠서 동생들과 함께 노래를 부를 새가 없었다. 그러나 그의 마음은 그 노래에 맞추어 콩닥거렸다. "서부로 간다! 서부로 간다! 서

부로 간다!"

 조금만 기다리면 존 할아버지와 엘리자베스 할머니, 영 존과 수잔을 만날 것이다. 하지만 조니는 제이콥을 두고 떠나야 한다.

 조니에게 작별 인사를 하던 제이콥은 거의 울음이 나올 뻔했다. "나도 갔으면……" 제이콥이 더듬거리며 말했다. "넌 인디언과 곰들과 온갖 것들을 다 볼 텐데. 왜 우리 아빠는 서부로 안 가시는지 몰라."

 "이다음에 너도 올지 모르잖아." 조니가 제일 친한 친구를 위로했다. "작년에 존 할아버지가 서부로 가실 때 나도 가고 싶었었는데, 봐, 이제 우리가 가잖아!'

 제이콥의 마음이 풀렸다. "그래. 어쩌면 우리도 갈지 몰라. 우리 아빠는 너희처럼 기차가 아니라 너희 존 할아버지처럼 코네스토가 수레를 타고 가실지도 모르지."

 "기차도 코네스토가 수레만큼 재미있을 거야." 존은 그렇게 말했지만, 사실 그럴 것 같지는 않았다. "그리고 우린 가는 길에 마차도 탔다가 배도 타고 갈 거야."

 이제 그들은 여행길에 올랐다. 기차가 떠났다. 조니의 어머니는 창밖을 내다보았다. "조니, 이리 와 보렴." 어머니 목소리가 슬프게 들렸다. "도시를 마지막으로 보고 가자. 언제 그 도시를 볼 수 있을지 누가 알겠니?"

조니가 창문 쪽으로 몸을 끌어당겼다. 그는 유리창에 코를 납작하게 대고 뒤쪽을 바라보았다. 뾰족탑과 뾰족 지붕들이 흰색과 은색으로 햇빛에 빛났다. 기찻길 주변에 있는 상점과 창고들이 날쌔게 지나갔다. 안녕, 필라델피아! 안녕, 필라델피아! 다시는 그 도시를 볼 수 없을지도 모른다는 생각에 그의 마음이 가라앉았다. 부두에 있는 배들…… 자갈길…… 일렬로 늘어선 상점들에서는 각각 서로 다른 물건을 팔고 있었다.

그러나 그는 서운하지 않았다. 상점에서 물건 살 돈이 거의 없었다. 벽돌 공장이 문을 닫은 이후로 먹을 게 없어 몹시 배가 고픈 적도 있었다. 서부에 가면 그럴 염려는 없었다. 모두가 자기 농장을 가지고 먹고 싶은 음식을 직접 키울 수 있다.

그는 창문에서 고개를 돌렸다. "서부에 가면 벽돌 만드는 거 아니죠. 아빠?"

아버지가 고개를 저었다. "아니. 벽돌 만드는 시절은 이제 끝났어. 나처럼 손으로 하나하나 벽돌을 완벽하게 만드는 사람은 더 이상 필요 없으니까. 게다가 서부에서는 벽돌이 없어도 집을 지을 수 있거든."

조니가 끄덕였다. "그런데 벽돌이 없이 어떻게 집을 지어요?"

"대부분 통나무로 짓지. 서부에는 온 사방에 숲이 있거든. 그러니까 통나무는 얼마든지 구할 수 있어."

아, 그것 좋은 생각이다. 숲에 가서 나무를 잘라서 집을 짓는다니! 그러면 벽돌을 뒤집을 필요가 없다! 벽돌 공장에서 일할 필요도 없다! 존 할아버지가 서부로 가게 된 건 당연하다. 동부에서는 돈 많은 사람들이 아주 큰 벽돌 공장을 짓고 값싼 노동력을 사용한다. 그들은 거칠게 만들어진 벽돌을 수천 장씩 만드는데, 존 할아버지와 그의 기술자들은 벽돌 하나하나 조심해서 만들기 때문에 같은 시간에 수백 장밖에 만들 수 없다. 그리고 그렇게 만든 벽돌은 값도 더 비싸다.

"존 할아버지가 벽돌 공장 파시길 잘하셨어요." 조니가 말했다. "어쩌면 우리가 서부에 가서 부자가 될지도 몰라요. 서부가 어떻게 생겼는지 궁금해서 못 기다리겠어요!"

"금방 갈 거야. 금방 갈 거야!" 윌리가 노래를 불렀다.

"기차는 빨라! 낡은 코네스토가 수레보다 더 빨라!"

"기차는 한 시간에 32킬로미터를 달릴 수 있지만, 난 그보다 더 빨리 갔으면 좋겠어." 조니가 빙긋이 웃었다.

철도는 체임버스버그까지만 나 있었다. 기차를 타고 온 승객들은 모두다 그곳에서 내렸다.

"이제 마차를 탈 거야?" 윌리가 물었다.

"응." 조니가 대답했다. "저기 마차 보이지? 서서 기다리고 있어. 얼른 뛰어가자!" 그는 엘리자베스와 메리 엘렌의 손을 잡고 멀찌감치 서서 기다리고 있는 마차로 달려갔다.

"말이다! 말이다!" 메리 엘렌이 소리쳤다. 그녀는 무언가 친근한 걸 보아서 기뻤다.

그들은 발판을 타고 올라가서 자리에 앉았다. 마차에는 사람이 많아서 워너메이커의 일곱 식구가 다 들어가기가 쉽지 않았다. 조니, 윌리, 엘리자베스, 메리 엘렌은 한군데 똘똘 뭉쳐 앉았다. 워너메이커 부인은 아기 새미를 안았다. 워너메이커 씨는 쌓아놓은 짐꾸러미들 사이로 그의 기다란 다리를 놓을 공간을 이리저리 찾았다.

"서부로 간다! 서부로 간다!" 마차가 떠나자 윌리가 좋아서 높은 소리로 노래를 불렀다.

 그들은 처음에는 신이 났으나, 잠시 후 몹시 지루해졌다. 그들은 고개를 끄덕거리다가 잠이 들었다. 그들이 잠에서 깼을 때도 마차는 여전히 거친 길을 덜커덩거리며 달려갔다.

 "도시에 있는 자갈길보다 더 험하군." 넬슨 워너메이커가 투덜거렸다.

 "이 길을 벽돌로 포장해야 해요, 안 그래요, 아빠?" 조니가 흥분해서 말했다. "그러면 마차가 얼마나 빨리 달릴 수 있을까!"

 "그러면 길이 아주 좋아지겠지. 그건 틀림없어." 아버지가 맞장구 쳤다. "하지만 서부 펜실베니아로 가는 여행객들이 많지 않기 때문에 아무리 톨게이트에서 돈을 받는다고 해도 그 비용을 감당할 수가 없단다."

 마차가 클리블랜드에 도착하자, 워너메이커 가족은 배를 타고 이리 호를 건너가게 되었다. 모두 다 몸이 뻣뻣하고 피곤하고 배가 고팠다. 워너메이커 부인은 얼굴이 창백하고 핼쑥해 보였고, 아기는 울었.

 마차 역에서 배 타는 부두까지는 한참을 걸어야 했다.

그들이 먼지 나는 길을 걸을 때 어린 딸 둘이 짜증을 내기 시작했다.

메리 엘렌이 칭얼거렸다. 그러다 조르기 시작했다. "엄마, 쿠키! 엄마, 쿠키!"

"모두 짐 속에 넣어놨어." 워너메이커 부인이 참을성을 가지고 설명했다. 우리가 제시간에 도착하지 않으면 배가 떠나버려. 배에 오를 때까지 기다려, 알겠지?"

"배고파." 메리 엘렌이 징징거렸다. "지금 줘. 지금 줘!"

"엄마." 조니가 말했다. 그는 어린 여동생이 먹을 것을 달라고 조르는 모습을 보고 견딜 수가 없었다. "제 돈 2달러가 있어요." 그는 주머니에서 파란색 손수건을 꺼냈다. 손수건 모퉁이에는 25센트 동전 여덟 개가 실로 꿰매져 있었다. 그가 애완용으로 기르던 닭들을 홀소플 씨 가게에 팔고 받은 돈이었다.

"오는 길에 쿠키를 파는 가게를 봤어요. 제가 뛰어가서 사올게요. 돈도 저한테 있고요. 일 분이면 될 거예요!"

"쿠키! 쿠키!" 어린 여동생들이 졸랐다. 이제 아기 새미가 칭얼거리기 시작했다. 그도 배가 고팠다.

1달러는 100센트

워너메이커 부인은 망설였다. 아이들이 배가 고파 기다리기 어렵다는 것을 알았다. 그녀는 남편이 결정해주기를 원하는 눈빛으로 쳐다보았다.

조니 아버지가 고개를 끄덕였다. "그래, 조니. 넌 똑똑하니까 속아 넘어가지 않을 거야. 하지만 조심해야 한다. 가게 주인은 어떻게든 돈을 더 받으려고 하니까. 여기는 우리를 아는 사람이 하나도 없는 낯선 곳이야."

조니는 아버지가 말을 채 끝마칠 새도 없이 말했다. "윌리, 같이 가자!" 그가 소리쳤다. "우리가 얼마나 빨리 달리는지 보여주자!"

두 소년은 길을 따라 달음질해서 빵 가게로 갔다. 부모님은 서둘러 어린아이들을 데리고 배로 갔다.

"이 모퉁이를 돌면." 조니가 앞서 가며 말했다. 그가 모퉁이를 도는 순간 어떤 아주머니에게 쾅 부딪혔다.

조니와 그 아주머니 둘 다 먼지 나는 길에 펄썩 넘어졌다. 그가 일어서기도 전에 어떤 사람이 손으로 그를 붙들더니 마구 흔들었다. 그 아주머니는 여전히 길바닥에 앉아 있었지만, 조니가 보니 분명 다친 데는 없었다. 그런데도 그녀는 지나치게 큰소리로 비명을 질렀다.

"내 달걀! 저 녀석이 이렇게 했어요!"

조니가 자기 옷깃을 붙들고 있는 남자를 올려다보았다. 몹시 큰 남자였다.

"이 녀석, 빠져나갈 생각 마라!" 그가 퉁명스럽게 말했다. "여기서 당장 네가 밀어 넘어뜨린 이 여자분에게 손해 배상을 해. 내가 다 봤으니까. 저 달걀이 얼만지 알기

나 해?"

그 여자는 비명을 질렀다. "내 달걀! 저 녀석이 이렇게 했어요! 내 달걀을 모두 깨트렸어요!"

"아주머니, 이 녀석이 돈을 드릴 테니, 걱정일랑 마십시오." 그 남자가 으르렁거렸다. "내가 모두 봤어요. 내가 증언하겠어요!"

증언을 한다! 그럼 내가 감옥에 간단 말이잖아!

"죄송해요." 조니가 얼른 말했다. "아주머니를 못 봤어요. 절 놔주세요. 배 타러 가야 해요."

"어림도 없다. 이 달걀값을 다 물어내기 전에는 아무 배도 못 타."

그 여자가 이제 일어섰다. 그리고 조니에게로 왔다. "이 달걀은 금방 닭장에서 가져온 거야. 가게에 팔면 한 꾸러미에 10센트 받을 수 있어. 내가 다섯 꾸러미 가지고 있었다. 그러니 내 돈 내놔라!"

월리가 형에게 바짝 다가왔다. "얼른, 조니." 그가 재촉했다. "잘못하면 배를 놓쳐."

조니는 손수건을 꺼내서 동전을 빼내기 시작했다. 그 여자는 더 가까이 왔다. 그 남자도 더 가까이 왔다. 조니가 한 걸음 물러섰다. 그가 동전 두 개를 뺐다.

이제 그 여자는 조니가 돈이 있는 것을 보고는 교활한 표정을 지었다.

조니가 동전 여덟 개 중에 두 개를 내밀었다.

"그것 가지곤 안 돼." 그녀가 말했다. "네 개를 줘. 그 정도는 줘야 해."

"네 개라구요! 안 돼요!" 조니가 단호하게 말했다. "한 꾸러미에 10센트고, 다섯 꾸러미라고 하셨잖아요? 그러면 50센트밖에 안 돼요." 그는 재빨리 계산할 수 있어 다행이라고 생각했다. 절대로 속아넘어가지 않을 것이다.

"하지만 바구니도 있어. 망가졌다구. 바구니 값도 물어내야 해."

"빨리, 조니!" 윌리가 형을 꾹 찔렀다. "달라는 대로 줘!"

조니가 손수건에서 동전을 한 개 더 꺼냈다. "그 바구니는 25센트도 안 해요. 여기 있어요! 후하게 드렸어요."

그 여자가 동전을 세 보더니 바구니를 집으려고 앞으로 가자, 조니가 잽싸게 먼저 그것을 집었다. "아! 안 되죠, 아주머니!" 그가 말했다. "이건 이제 제 거예요."

"조니, 얼른! 얼른!" 윌리가 소리쳤다. "배를 놓치겠어!"

조니는 길 저만치에 빵 가게를 쳐다보았다. 등 뒤에서는 뱃고동 소리가 울렸다. "쿠키 살 시간이 없어." 그가 말했다. 그는 물이 줄줄 흐르는 달걀 바구니를 들고 월리와 함께 온 힘을 다해 달렸다.

"형은 정말 손해 봤어." 월리가 슬프게 말했다. "깨진 달걀 바구니에 형 돈을 거의 다 썼으니!"

조니가 잠시 인상을 찌푸렸다. 그리고 나서 말했다. "모르겠어. 달걀은 다 부서지지 않았어. 내가 알아챘어. 내가 판 닭 다섯 마리가 아무리 애를 써도 한번에 달걀 다섯 꾸러미를 낳진 못하지!"

"하지만 그 깨진 달걀을 어디다 쓰게? 엄마가 배에서 케이크를 만들 순 없잖아."

"몰라. 생각해 봐야지."

그들이 부두로 가자 아버지가 건널 판자에서 기다리고 있었다. "얼른, 애들아!" 그가 소리쳤다.

그들은 숨을 헐떡거리며 배에 올랐다.

"왜 이렇게 오래 걸렸니?" 워너메이커 씨가 물었다. "어머니가 걱정하셨다."

"쿠키! 쿠키!" 엘리자베스와 메리 엘렌이 쫓아와서 소리쳤다.

"그런데 그게 도대체 뭐냐?" 아버지가 지저분한 바구니를 보았다. 깨진 달걀에서 흘러나오는 물이 이번에는 배 갑판 위로 떨어졌다.

"달걀이에요, 아빠." 조니가 대답했다. "대충 다섯 꾸러미예요."

"쿠키! 쿠키 줘!"

"쿠키는 없어." 조니가 어린 여동생들에게 말했다. "달걀 가져왔어."

"하지만 왜……"

그들이 걸어가는 갑판 위에는 사람들이 북적거렸다. 어떤 사람들은 난간에 기대서서 부두에 있는 친구들에게 소리를 쳤다. 어떤 사람들은 짐꾸러미에 둘러싸여 앉아 있었다. 아이들은 달리며 껑충껑충 뛰었다. 배는 쉬지 않고 고동을 울렸다. 온통 시끄러운 아수라장이었다.

"다 말씀드릴게요." 조니가 소음보다 더 큰 소리로 말했다.

조니는 가족들에게 모두 얘기했다. 가족들은 그의 귀중한 돈을 부서진 달걀에 낭비한 것을 듣고 기분이 안 좋았다. 그러나 조니는 아주 재미난 이야기처럼 들려줬다. 어떻게 그 아주머니가 비명을 질렀으며, 돈을 다 받고 난 다음에도 어떻게 바구니를 가져가려고 했는지 흉내를 냈다.

모두 다 한바탕 웃었다. 그러나 어린 여동생들은 여전히 쿠키를 달라고 했다.

"그 짐을 이리 줘, 조니." 어머니가 말했다. "체크무늬 헝겊으로 싼 것 말이야. 그 속에 쿠키가 있어. 배에서 내린 다음에 쓰려고 아껴두었지만, 여기서 먹어야겠다. 얘들아, 그만 소리 질러라. 쿠키 줄 테니!" 어머니는 짐을 풀어 쿠키를 꺼내주고 조니를 쳐다보았다.

조니는 벌떡 일어서서 으쓱거리며 걸었다. 그러더니 허리를 굽혀 절을 하며 말했다. "부인, 막 농장에서 가져온 부서진 달걀 사시겠어요? 이 배에서 최고로 좋은 부서진 달걀 말입니다!"

"조니, 그걸 사고 싶다만, 도대체 그걸 어디다 쓰지? 여기가 집이라면 케이크나 쿠키를 만들겠지만, 여기서는 요리라고는 할 수가 없으니. 게다가 날씨가 이렇게 따뜻해서 포트 웨인에 도착하기 전에 다 상해버릴 것 같아."

조니는 자기 달걀을 쳐다보았다. "흠, 보기에 썩 좋지 않아." 그가 깊이 생각한 듯 말했다. "아빠, 배 위에 이 달걀을 씻을 데가 있나요?"

"글쎄." 아버지가 천천히 말했다. "저기 가면 물이 많아. 우리 물동이를 가져가라."

"윌리, 같이 가자." 조니가 신바람이 나서 말했다. "와서 도와줘."

아버지는 승객들을 위한 마실 물이 든 큰 통들이 있는 곳을 보여주었다. 조니와 윌리는 물동이를 들고 가서 물통에서 물을 길었다.

그리고 달걀을 씻기 시작했다. 더 이상 깨지지 않도록 아주 조심했다.

"깨진 것들은 버려." 조니가 동생에게 말했다. "그리고 말짱한 것들은 여기 담요 위에 올려놔."

그들이 일하고 있을 때 아이들이 구경하러 모여들었다. 부모들도 몇 명 있었다. 조니는 담요 위에 깨끗한 달걀을 한 줄로 놓았다. "신선한 날달걀 사실 분 있어요?" 그가 기대를 하며 물었다. "맛있는 달걀이에요."

아무도 사지 않았다.

조니는 생각했다. "이 사람들이 달걀을 사고 싶게 만드는 방법이 있을 거야." 그는 달걀을 다 씻고 나서 바구니를 씻었다. 그리고 깨끗한 달걀을 그 속에 넣고 뚫어지라 바라보았다. 말짱한 달걀이 50개였다.

갑자기 그가 키득거렸다. "윌리, 우리가 예전에 했던 일 기억나?"

윌리가 고개를 흔들었다.

"날달걀을 먹었잖아. 생각 안 나? 우리가 닭장에서 달걀 꺼내올 때 매일 적어도 한 개씩은 먹었잖아. 정말 맛있었지."

윌리가 빙그레 웃었다. "생각나. 지금 한 개 먹고 싶어. 목마를 때 시원하고 좋아. 지금 덥고 목마르니까."

"한 개 먹어." 조니가 말했다. "하지만 들어 봐. 시끄럽게 훌쩍거리며 먹어야 해. 얼마나 맛있는지 보여주라구. 나를 봐."

조니가 달걀을 집었다. 끄트머리를 땅바닥에 대고 살짝 두들기자 껍질이 갈라졌다. 그 부분에서 껍질을 살짝 벗겨냈다. 그는 아이들과 어른들이 자기를 쳐다보는 모습을 곁눈으로 보고 있었다. "으음……!" 그가 시끄럽게 입술을 다시며 말했다. "싱싱한 날달걀! 이렇게 더운 날에

딱 좋지!"

 그는 달걀을 입에 대고 소리를 내며 빨아 먹었다. 아이들이 점점 더 가까이 모여들었다.

 조니는 마지막으로 달걀을 빨아 먹은 뒤 빈 껍질을 배난간 너머 던지고는 소매로 입을 훔쳤다. "아, 맛있다!" 그가 기분 좋은 표정을 지었다.

 한 소년이 앞으로 한 걸음 나왔다. "그걸 혼자 다 먹을 거야?" 그가 물었다. "생으로?"

 "글쎄." 조니가 천천히 대답했다. "워낙 맛있으니까…… 게다가 이렇게 더우니……"

 "나한테 한 개 팔 거야?" 그 소년이 혹시나 하며 물었다.

 조니가 바구니를 유심히 보았다.

 "나한테 한 개 팔아!" 그 소년이 졸랐다.

 한 남자가 가까이 왔다. "나도 한 개 먹었으면 한다. 파는 달걀은 없니?"

 "팔 수도 있어요." 조니가 말했다.

 "팔아! 팔아!" 윌리가 형을 꾹 찌르며 속삭였다.

 조니가 그 남자를 올려다 보았다. "글쎄요." 그가 말했다. "여기 제 동생이……"

"한 개에 1센트 줄게." 그 소년이 재촉했다.

"1센트에는 안 돼." 조니가 즉시 대답했다. "한 개 2센트. 그래 2센트야."

"그건 너무 비싸." 그 남자가 말했다. "클리블랜드에서는 한 꾸러미에 10센트에 파는 걸 봤어."

"하지만 거기는 닭이 있으니까 달걀을 계속 낳잖아요. 저는 이 달걀을 클리블랜드에서 사서 여기까지 들고 왔어요. 오는 동안 여러 개가 깨졌어요. 2센트가 적당한 값이에요. 힘들여서 배에까지 가져왔으니까요."

그 남자가 4센트를 세어서 주었다. "두 개를 줘." 그가 말했다. "하지만 달걀값 치고는 퍽 비싸다."

그 소년이 손을 내밀었다. "여기 2센트야. 달걀 한 개 줘."

아이들이 갑판을 쪼르르 달려 부모에게로 갔다. 그들 모두 달걀 살 동전을 달라고 했다. 그들 중 여러 명이 다시 와서 달걀을 한두 개씩 샀다. 조니의 손수건에는 동전이 가득 찼다.

그가 동전을 세었다. "96센트야, 윌리!" 그가 좋아서 소리쳤다. "내 돈을 모두 찾고도 21센트가 남았어!"

"그건 너무 비싸."

아버지가 그를 쳐다보고 있었다.

"게다가 좋은 바구니가 남았구나. 내가 그 바구니를 25센트에 사지. 어머니가 점심 바구니로 사용하면 딱 좋을 테니."

조니가 미소를 지었다. "제가 25센트를 주고 바구니를 샀어요. 하지만 아빠에게서는 그 이상 받지 않겠어요."

넬슨 워너메이커 눈이 반짝거렸다. "그 바구니를 배에

까지 가져왔는데 값을 더 받지 않겠단 말이니?" 그가 놀렸다. "그렇게 힘들여 가져왔는데도?"

조니가 웃었다. 그는 10센트를 세어 윌리에게 주었다. "네가 날 도와주었으니, 여기 네 몫 받아!" 그가 말했다.

자기 몫을 받은 윌리는 기분이 좋아 손에 동전을 쥐고 찰랑거렸다.

"서부로 가는 건 정말 재미있다!" 조니가 키득키득 웃었다. 그는 36센트를 더 번 것이다.

9
사과 팔기

"안녕? 안녕? 안녕?"
"존 할아버지, 안녕하세요?"
"조니! 윌리! 뭘 타고 왔니? 다른 식구들은 어디 있어?" 할아버지가 두 소년을 팔로 감싸 안았다.
조니가 웃었다. "포트 웨인에는 온 가족이 탈 수 있는 큰 마차가 없었어요. 아빠가 먼저 보내놓은 짐도 실어야 했거든요. 브라우닝 부부가 여기서 조금 떨어진 곳에 사는데 포트 웨인에 오셨기에 그분들 수레를 타고 왔어요. 그분들이 할아버지 집을 가르쳐주셔서 거기서 내렸어요." 윌리가 흥분해서 끼어들었다. "빨리 오고 싶었어요."

"그분들은 자기 집으로 갔어요." 조니가 설명했다. "밤이 되기 전에 도착해야 한대요. 엄마 아빠는 동생들 데리고 내일 오셔요."

"조니!" 수잔이 소리쳤다. 그녀가 집 모퉁이를 돌아 뛰어올 때 머리카락이 바람에 휘날렸다. 그녀는 자기가 좋아하는 사촌을 꼭 안았다. "조니, 와서 정말 반가워!"

뒷마당에 있던 영 존과 엘리자베스 할머니가 그 시끌벅적한 소리를 들었다. 그들도 달려왔다. 엘리자베스 할머니는 두 소년을 안으며 눈에 눈물이 고였다. "그래, 너희들 혼자서 왔다구!" 그녀가 조니 얘기를 듣더니 놀라서 말했다. "이 숲 속을 헤치고 말이냐? 엄마 아빠도 없이 무섭지 않았어?"

조니가 빙긋 웃었다. "엄마가 조금 걱정하시는 것 같았어요. 하지만 브라우닝 씨가 워낙 잘해주셨어요. 우린 재미있었어요. 오는 길에 인디언도……"

"그리고 숲 속에서 자다가 초원에 사는 늑대 소리도 들었어요. 그 소리 들어보셨어요? 정말 끔찍해요. 온몸에 소름이 끼쳤어요!"

"네 아버지가 포트 웨인에서 수레를 구했니?" 존 할아버지가 걱정이 된 듯이 물었다. "좋은 수레를 구했어?"

"아, 네. 좋은 수레를 구했어요. 다만 너무 작아서 다 탈 수가 없었어요. 하지만 우린 브라우닝 씨와 오는 게 좋았어요."

"우리처럼 코네스토가 수레를 샀어야 하는 건데." 수잔이 말했다. "거기에는 모든 걸 다 실을 수 있어. 워너메이커가족 일곱 7명도 함께!"

다음 날 오후에 나머지 워너메이커 가족이 수레를 타고 존 할아버지 집으로 왔다. 그러자 또다시 왁자지껄 인사를 나누었다.

엘리자베스 할머니가 만든 맛있는 저녁을 먹은 뒤 남자들은 한 곳에 앉았다. 이제 두 가족이 모였으니 무엇을 할 것인지 의논하였다. 조니는 영 존이 어른들과 함께 앉은 것을 보았다. 열네 살이 된 그는 작년 한 해 동안 부쩍 자랐다. 그러니까 그는 어른들 사이에 끼어도 되는 것 같았다. "내년이면." 조니가 생각했다. "나도 어른들과 함께 앉아서 얘기할 수 있을 거야. 지금은 듣기만 해야지."

"이 농장 바로 옆에 네 농장을 사놨다, 넬슨." 존 할아버지가 말했다. "좋은 값에 샀지. 하지만 올해 농사를 시작하기에는 이미 너무 늦었어."

"그럼 아버지 수확을 도와드릴게요. 조니와 제가." 워너메이커 씨가 말했다.

"나도요!" 윌리가 자기도 중요하다는 듯이 말했다. "나도 여러 가지 일을 할 수 있어요. 힘이 세거든요!"

"저도 농장에서 일을 많이 할 수 있어요." 조니가 말했다. "저는 농장 일이 좋아요. 벽돌 뒤집는 것보다 더 재미있어요."

영 존이 인상을 찌푸렸다. 그는 마치 어린아이 쳐다보듯 존을 쳐다보았다. "네가 얼마나 한다고 그래!" 그가 투덜댔다. "농장에서 일하려면 크고 힘이 세야 해."

그 이후 며칠 동안 조니는 영 존의 생각이 틀렸음을 보여주었다. 그는 누구 못지 않게 열심히 일했다. 이제 영 존과는 함께 놀 수가 없었다. 그는 자기가 어른이라고 생각하기 때문에 조니나 윌리를 귀찮게 여겼다.

어느 날 조니가 말했다. "할아버지, 이 사과를 마을에 가서 팔지 그래요? 리즈버그 사람들이 살 거예요. 할아버지 가족이 겨울 내내 드시고도 많이 남잖아요, 안 그래요?"

사과를 큰 바구니에 담던 할아버지가 허리를 쭉 폈다. "누가 사겠니?" 그가 물었다. "이 주변 사람들은 모두 풍성한 수확을 거뒀어. 우리가 거둔 것을 팔면 돈을 많이 벌겠지만, 그것을 필요로 하는 사람이 없단다."

"광장에서 야영하는 여행객들은 어때요? 거기에는 항상 사람들이 있어요. 서부로 가는 사람들이 머무는 곳이거든요. 여행하는 아이들이 사과를 먹고 싶어 할 거예요. 북쪽에 포트 웨인으로 가는 사람들 중에는 오는 길에 사과를 다 먹어버린 사람들도 있을 거구요. 틀림없이 그들이 싱싱한 사과를 살 거예요. 할아버지 집에 있는 다른 채소도 사고 싶어 할 거예요. 그들은 매일 같은 음식만 먹어서 진력이 났을 테니까요."

"흠." 존 할아버지가 웃었다. "이리 호를 건너는 배에서 네가 날달걀을 팔았다면서? 그렇다면 리스버그에서도 사과를 팔 수 있을 것 같구나. 하지만 난 여기서 할 일이 너무 많아서……"

"그럼 제가 해볼게요. 제가 하고 싶어요." 조니가 눈빛을 반짝거리면서 졸랐다.

"그래. 넌 하고 싶겠지." 영 존이 놀리면서 말했다. "넌 학교에서도 항상 무언가를 팔거나 맞바꿨지. 네가 제이콥 롱과 같이 만든 향수 생각나?" 그가 웃자 조니의 얼굴이 빨갛게 달았다. "그런데 난 왜 네가 파는 걸 좋아하는지 모르겠어. 난 사람들한테 물건 사란 말은 절대로 못하겠는데."

"난 그게 좋아." 조니가 당당하게 말했다. "재미있어. 노는 것보다 더 재미있다구."

"조니, 네가 하고 싶다면, 한번 해 봐라." 할아버지가 말했다. "마을에 갈 때 올드그레이 말을 타고 가도 돼. 올드그레이는 유순하고 이 지역의 길을 잘 알아. 올겨울에 돈을 조금 벌 수 있다면 도움이 많이 될 것 같구나."

조니는 제일 크고 제일 빨간 사과들을 윤이 나게 닦은 뒤 큰 자루 두 개에 채웠다. 그 자루를 올드그레이 등에 묶고 그 앞에 올라탔다.

"나도 데려가!" 윌리가 졸랐다. 조니는 같이 갈 사람이 있어 기뻤다. 그리고 올드그레이는 커서 사과 자루랑 두 소년을 다 태울 수 있었다.

"함께 가자!" 조니가 동생에게 말했다.

존 할아버지는 윌리를 번쩍 들어 그 늙은 말 등에 태웠다. 그들은 리즈버그로 가는 길을 따라 출발했다. 신 나는 나들이였다. 이 나들이는 두 소년에게 대단한 모험이 될 것이다.

그 작은 마을의 광장에는 조니가 예상한 대로 야영을 하는 사람들이 있었다. 그는 올드그레이에서 내린 뒤 사과 자루를 내렸다. 윌리는 말 등에서 주르륵 미끄럼을 타고 내렸다. 그리고 호기심 가득한 눈으로 주위를 둘러보았다.

"자, 윌리." 조니가 말했다. "넌 여기서 사과와 올드그레이와 함께 있어. 난 내 모자에 몇 개만 넣어서……"

"자루 채 가져 가자. 내가 함께 끌어줄게." 윌리가 말했다.

조니가 고개를 흔들었다. "그러면 사과가 멍들지도 몰라. 게다가 자루에 든 것보다 내 모자에 담은 사과가 더 먹음직스럽게 보이거든. 자, 얼마나 예쁜지 보여줄게. 사람들도 그렇게 생각할 거야."

그는 큰 밀짚모자를 벗어서 좋은 사과 몇 개를 골라 그 속에 가득 넣었다. "이것 봐!" 그가 윌리에게 들어 보였다. 사과가 정말 예쁘게 보여서 윌리가 손을 뻗어 한 개를 집었다. 조니가 빙그레 웃었다. "넌 자루에서 꺼내 먹어!" 그리고 휘파람을 불며 사람들에게로 갔다.

조니는 광장을 가로질러 수레가 있는 곳으로 갔다. 주변에는 사람들이 많이 있었다. 여자들은 불 가에서 요리를 하고 있었다. 남자들은 마구를 고치고 수레를 수리하고 있었다. 아이들은 놀고 있었다. 조니가 모자 한가득 사과를 들고 오자, 아이들이 놀다가 멈추고 그것을 바라보았다.

조니는 한 수레에 가서 공손하게 한 아주머니에게 말했다. "아주머니, 사과 사시겠어요?"

그녀는 별 관심 없는 듯 하다, 사과를 보자 눈빛이 빛났다. "얼마니?" 그녀가 물었다. "맛있어 보이는구나."

"25센트밖에 안 해요." 조니가 대답했다. 그는 사과 한 개를 꺼내서 손에 들고 돌렸다.

"25센트라고! 우리같이 가난한 사람들에게 그건 상당히 많은 돈이야."

"네." 조니가 맞장구쳤다. "하지만 그 돈을 이보다 더 좋은 곳에 사용할 수는 없을 거예요. 이 사과를 드시면 몸에도 좋고 기분도 상쾌해지죠. 이런 사과는 여기를 떠나서……." 그가 멈췄다. 그들이 어디로 가는지 목적지를 몰랐다.

 그 여자가 무명 드레스에 두 손을 문질러 닦았다. "가서 돈이 있나 찾아볼게." 그녀가 덜컹거리는 수레에 기어 올라갔다. 여기저기 뒤적이다가 다시 조니에게로 돌아왔다. "10센트밖에 없어." 그녀가 애석하다는 듯이 말했다. "10센트어치만 팔겠니? 우리 아이들에게 한 개씩 주게? 오랫동안 사과를 못 먹었거든."

 "아이들이 몇 명인데요?" 조니가 공손하게 물었다.

 "여섯이야. 10센트에 여섯 개. 사과 여섯 개에는 아주 좋은 값이지!"

 "여덟 개를 드릴게요. 아주머니와 아저씨도 한 개씩 드시도록." 조니가 말했다. 그는 사과 여덟 개를 세어주었다.

 그가 다음 수레로 왔다. 이 수레는 먼저 것보다 훨씬 더 고급이었다. 한 남자가 불렀다. "얘야, 사과를 파니? 내가 살게. 얼마니?"

 조니가 모자를 보자 네 개밖에 안 남았다. 그는 모자 가득 25센트를 받으려고 했었다. 이제 모든 것을 망쳐버렸다.

"얼마?" 그 남자가 또 물었다.

"아, 모자 한가득 25센트 받으려고 했는대요……"

"좋아! 모자 가득 채워서 두 개. 얼른 가져와라. 집을 떠난 이후로 사과라고는 맛도 못 봤으니까."

"하지만." 조니가 계속 말했다. "하지만 여덟 개를 10센트에 팔았어요. 그러니까 모자 한가득하면 15센트밖에 안 돼요. 모자 한 개에 사과 열두 개밖에 안 들어가거든요."

그 남자가 조니를 빤히 쳐다보았다. "너 제정신이니? 모자 한가득에 내가 25센트 주겠다고 말했잖니?"

"네, 하지만 방금 옆 수레에서 여덟 개를 10센트에 팔았어요."

"넌 진짜 제정신이 아니구나. 나한테 뭐하러 그 말을 한단 말이냐? 그러니 이제는 내가 당연히 모자 한가득에 15센트가 적당하다고 생각하게 되지 않았니. 내가 충고하마. 뭐든 값을 많이 받을 만큼 받아. 다른 손님에게 얼마에 팔았다는 말은 하지 말고. 그래야만 물건을 팔아서 돈을 벌 수 있거든."

조니가 고개를 흔들었다. "안 돼요! 그건 정직하지 않아

"넌 진짜 제정신이 아니구나."

요. 아저씨에게 다른 사람보다 더 비싼 값에 팔지 않겠어요. 아저씨는 이웃보다 더 잘 사니까 더 비싼 값을 낼 수 있다는 걸 알아요. 하지만 그건 저와 상관없어요. 제가 할 일은 제 사과를 모든 사람에게 공정한 값에 파는 거예요. 그러면 모두에게서 같은 값을 받아야 해요. 아무튼 모자 한 가득 두 개 갖다 드릴까요?"

그 남자는 참 이상하다는 듯 머리를 긁적였다. 그러더니 얼굴에 함박웃음이 어렸다. "얘야, 모자 한가득 세 개 갖다 줘. 그리고 빨리."

조니는 가져온 사과를 아무 어려움 없이 다 팔았다. 그날 오후 그는 주머니에 은화를 짤랑거리며 집으로 갔다.

"다른 채소들도 팔 수 있어요." 그가 할아버지에게 말했다. "사람들은 감자, 양파, 호박 같은 게 있냐고 물었어요. 그리고……."

"그래! 지금은 잘된다고 치자." 영 존이 말했다. 그는 조니가 성공하자 약간 샘이 났다. "하지만 겨울이 되면 광장에서 야영하는 사람들이 없을 텐데……."

"그때까지 우리 채소와 과일을 모두 팔면 돼요." 조니가 말했다. 그의 눈에는 희망의 빛이 가득 서려 있었다. "이건 게임하고 같아요. 제가 만일 다 팔면 제가 이기는 거죠."

"그럼. 그렇고말고!" 할아버지는 좋아서 싱글벙글하며 말했다.

10
새로운 시장

 어느 날 조니와 윌리가 사과와 다른 채소들을 싣고 리스버그로 갔을 때, 광장에는 야영하는 사람이 딱 한 사람 있었다. 그들은 실망해서 두리번거렸다.

윌리가 형을 쳐다보았다. "쳇! 여기까지 힘들여 왔는데 아무 소용없다니! 이제 다시 돌아가서 하루 종일 영 존을 도와줘야 하잖아!"

조니가 고개를 흔들었다. 그는 생각하고 있었다. "아니." 이윽고 그가 말했다. "만일 우리가 돌아가서 영 존을 도와주면 우리 일에 대해서 아무 돈도 못 벌어. 하지만 우린 겨울에 필요한 새 부츠, 새 외투, 그리고 다른 것들을 살 돈이 필요해. 어떻게든 우리 물건을 팔아보자."

"하지만 어떻게? 그리고 어디서?" 윌리가 물었다.

조니의 파란 눈이 반짝거렸다. "난 알아." 그가 들뜬 마음으로 말했다. "인디언 막사로 가자. 그 인디언들이 틀림없이 사과랑 채소들을 좋아할 거야."

"하지만 그들은 돈이 없잖아."

"그렇겠지. 하지만 그들은 모카신과 우리가 필요한 다른 물건들이 있어. 사과를 물건과 바꾸면 돈을 받는 것과 똑같아. 이 채소들을 집에 가져가 봐야 아무 필요 없으니까."

"형은 제정신이 아니야." 윌리가 투덜거렸다. "난 인디언 막사에 가기 싫어."

"그럼 이것들을 가지고 돌아가고 싶어? 그럼 영 존이 우릴 보고 놀릴 텐데?"

윌리가 인상을 찌푸렸다. 조니 말이 맞다. 그들이 채소를 팔 수 있는 한 영 존이 놀리지 할 것이다. 만일 조니가

모카신: 가죽으로 만든 인디언 신

인디언 막사로 가겠다고 마음을 먹었으면, 가는 거다. 안 간다고 해봐야 소용없다.

윌리는 실쭉해서 올드그레이에 올라타서 형 뒤에 앉았다. 조니는 마이애미 인디언들이 산다는 작은 막사로 가는 길 쪽으로 말머리를 돌렸다. 마이애미 부족은 모두 10년 전에 켄사스로 떠났으나, 그들만 그곳에 남았다.

올드그레이는 상쾌한 가을 공기를 마시며 씩씩하게 걸어갔다. 조니는 깊은숨을 들이마셨다. "참 공기 좋지?" 그가 동생에게 물었다. "강가 늪지에서 나는 냄새도 없고, 굴뚝 연기 냄새도 없고. 넓게 트인 들판에서 나는 깨끗한 공기야."

조니는 주의깊게 살피며 길을 따라갔다. 그들이 마을에서 점점 더 멀어지자 숲은 점점 더 깊어졌다. 윌리는 조바심을 내며 숲 속을 들여다보았다. 마침내 윌리가 무서워하며 말했다. "돌아가, 조니. 그 인디언들이 친절하지 않을지도 모르잖아. 이렇게 멀리 왔는데 한 명도 못 봤으니까. 이러다가 길 잃어버릴지도 몰라."

"그렇게 멀리 온 건 아니야." 조니가 대답했다. "게다가 길이 하나밖에 없는데 어떻게 길을 잃어버려? 곧 인디언을 만나지 못하면, 말머리를 돌려서 돌아가면 돼. 하지만 이 사과를 팔아야겠어."

윌리가 한숨을 쉬었다. 조니는 물건을 팔 때면 항상 신이 났다. 그리고 다른 것은 다 잊어버렸다. 하지만 윌리는 그럴 기분이 아니었다.

마침내 새로운 냄새가 흘러왔다. 조니가 그 들창코를 들어 냄새를 맡았다. "장작 때는 연기다!" 그가 빙긋이 웃으며 말했다. "거의 다 왔어."

그들은 각진 모퉁이를 돌아갔다. 거기에 인디언 막사가 있었다. 조니가 올드그레이 고삐를 당기며 멈추게 했다.

"천막을 치기에 아주 좋은 곳을 골랐구나." 조니가 가리켰다. "깨끗한 풀밭에, 바로 저기 시냇물이 흐르고……."

"물고기도 있고." 윌리가 거들었다.

"그런데 사람들은 어디 있지? 마치 막사가 텅 빈 것 같아." 조니가 주변을 두리번거렸다. 자그마한 모닥불에서 올라오는 연기와, 초라한 누런 개 무리가 그들에게 깽깽거리는 것을 빼고는 인기척이라고는 없었다.

그들은 그 시끄러운 개들의 혀와 이빨이 자기들 발에 닿을까 무릎을 끌어 당겼다. 그러나 그 개들은 멀찌감치서 멈추었다. 하지만 계속해서 사납게 짖어댔다.

그때 한 위그웸에서 꼬부랑 할아버지가 나왔다. 누더기를 걸치고 있었다. 회색의 기다란 머리카락이 가닥가닥 꼬여 쭈글쭈글한 갈색 얼굴을 감싸고 있었다. 그는 개들에게 오더니 두 소년에게 고함을 쳤다. 그는 가버리라고 손짓을 했다. 두 소년은 무슨 말인지는 알아들을 수 없었으나 그의 몸짓이 무슨 뜻인지는 명백했다. 인디언이 약간 무서웠던 윌리는 얼른 떠나고 싶었다.

조니가 소리쳤다. "개들을 조용히 시키세요! 장사하러 왔어요." 그러나 그 할아버지는 조니 말을 이해하지 못하고 쫓아내려고 했다.

한동안 그 상황이 계속됐다. 마침내 키가 큰 젊은 인디언, 화살처럼 꼿꼿한 인디언이 천막에서 나와 소년들에게 왔다. 그는 오른손을 들어 평화의 신호를 했다.

그 젊은 인디언은 개들을 엄하게 꾸짖었다. 개들이 서서히 짖기를 멈추고 위그웸 속으로 어슬렁어슬렁 기어들어갔다. 그리고 그가 조니에게 영어로 말했다. "뭐하러 왔니?"

위그웸: 인디언 천막

조니가 주변을 둘러보더니 위험한 개들이 사라진 것을 알았다. 그는 올드그레이에서 내렸다. 그리고 채소 자루를 끌고 갔다. 그는 바닥에 무릎을 꿇고 앉아 자루를 열고 사과, 감자, 호박을 풀밭 위에 쏟아놓았다. 그 할아버지가 신이 나서 중얼거리며 절뚝절뚝 걸음으로 가까이 왔다.

그 젊은 인디언이 물었다. "얼마니?"

조니가 용기를 내어 말했다. "1달러, 미국 돈으로." 그는 한 손가락을 들어 표시했다.

젊은 인디언이 고개를 저었다. "돈 없어." 그가 간단히 말하고는 돌아섰다.

할아버지가 그의 팔을 잡고 짧게 말했다. 그 소리를 들어보니 화가 난 것 같았다. 조니의 심장이 뛰기 시작했다. 아마도 할아버지가 젊은이에게 조니 물건을 그냥 빼앗으라고 한 것 같다. 두 소년을 도와줄 사람은 아무도 없었다. 어쩌면 두 소년의 머리 가죽을 벗기는 얘기를 하고 있는지도 모른다! 그런 생각에 조니의 등골이 오싹해졌다. 그러면 조니와 윌리에게 무슨 일이 일어나든 누가 어떻게 알겠는가? 그들이 여기에 왔다는 사실을 아무도 모르지 않는가?

윌리는 여전히 올드그레이 위에 앉아 칭얼거리기 시작했다. 조니가 동생을 툭 때렸다. 두 소년이 겁이 났다는 사실을 인디언들이 알게 해서는 안 된다.

젊은 인디언이 다시 돌아왔다. "돈 없어." 그가 말했다. "음식 필요하지만 돈 없어. 사고 싶지만 돈 없어."

조니는 겨우겨우 미소를 지었다. 그는 처음부터 돈을 받을 수 있으리라고 생각하지 않았다. 그는 인디언의 모카신을 가리키고 나서, 지가 맨발을 가리켰다.

"모카신!" 그가 또랑또랑하게 말했다. 그는 윌리의 맨발도 가리켰다.

인디언이 웃었다. 조니는 그가 이해하지 못했다고 생각했다. 그 인디언은 어깨를 으쓱하더니 위그웸으로 갔다. 조니는 채소들을 다시 담기 시작했다. 여기에 온 것이 잘못이다. 다만 물건을 팔려고 최선을 다했을 뿐이다.

채소와 과일을 자루에 모두 다 넣은 조니는 일어서서 올드그레이에 그것을 실으려고 했다. 윌리가 도와주려고 자루를 잡았다. 그때 할아버지 인디언이 허둥지둥 다가왔다. 그는 이상한 말로 소리쳤다. 그리고 조니의 팔을 잡았다. 조니가 행동을 멈추었다. 그 할아버지가 도대체 뭘 원하는 것일까? 그 할아버지는 팔을 잡고 놔주지 않았다.

조니가 궁금해서 위그웸 쪽을 바라보았다. 옹기종기 모여있는 위그웸에서 여기저기 까만 눈들이 내다보고 있었다. 막사 전체가 들뜨고 흥분해서 내다보고 있었다. 왜 그들은 밖으로 나오지 않는 걸까? 그때 조니가 빙긋 웃었다. 그들은 마치 윌리와 조니를 무서워하는 것 같았다!

그 젊은 인디언이 손에 무언가를 들고 흔들며 돌아왔다. 조니의 미소 짓는 얼굴을 보더니 그의 검은 눈이 반짝거렸다. 그는 아름다운 모카신 두 켤레를 내밀었다. "여기." 그가 말했다. "자루 줘."

조니의 마음은 뛸 듯이 기뻤다. 그가 옳았다. 그는 인디언과 거래를 할 수 있다. 그는 모카신을 받아 뒤집어 보며 그 아름다운 구슬 장식을 보고 감탄했다. "고마워요." 그가 말했다. "정말 근사해요."

그 젊은이는 존이 말에 올라타도록 튼튼한 손을 말 옆구리에 갖다 댔다. 번들거리는 갈색 얼굴에는 미소가 서려 있었다. 존이 그 손에 발을 얹자 그가 힘있게 손을 들어 조니를 받쳐주었다.

보통 때는 말갈기를 붙들고 가까스로 말에 기어 올라타

그 젊은 인디언이 손에 무언가를 들고 흔들며 돌아왔다.

야 했는데, 이렇게 타니 참 쉬웠다.

"사과 더 있어?" 젊은 인디언이 물었다. "호박 더 있어? 또 올 거야?"

"오고말고요!" 조니가 약속했다.

윌리는 얼른 말 옆구리를 발로 찼다. 어떻게든 빨리 그곳을 떠나고 싶었다. 올드그레이는 묵직한 머리를 흔들며 출발했다. 그 젊은 인디언이 웃었고, 조니는 그에게 손을 흔들었다. 인디언도 손을 흔들었다.

조니가 떠날 때 할아버지 인디언이 자루를 짊어지려다가 사과가 몇 개 쏟아지는 것이 보였다. 그러자 반쯤 벌거벗은 까무잡잡한 아이들이 쪼르르 몰려와 그것을 주웠다.

다시 길로 들어오자 조니가 속도를 늦추었다. 그는 웃었다. "이만하면 괜찮았지? 과일과 채소 두 자루로 구두 두 켤레를 살 수는 없었을 테니 말이야. 올겨울에는 이 모카신이 구두보다 더 나을 거야. 얼마나 부드러운지 만져봐."

"난 겁이 났어." 윌리가 말했다. "우리를 잡으러 오는 줄 알았어. 다신 거기 가지 않을 거야."

"난 갈 거야. 다른 물건들과 바꿔올 테야. 담요랑, 모피랑, 여러 물건들. 또 갈 테니 두고 봐! 이제 겨울 내내 채소와 과일을 팔 수 있게 됐어!"

할아버지는 두 소년의 이야기를 듣고 깜짝 놀랐고, 모카신을 보고 기뻐했다. "참 좋은 신이구나." 그가 말했다. "좋은 물건을 얻었어."

수잔이 보더니 감탄했다. "다음에 또 모카신 받으면, 나에게 하나 줄래, 조니? 구슬 장식이 너무 예뻐. 나도 갖고 싶어."

엘리자베스와 메리 엘렌이 소리쳤다. "나도, 조니! 나도, 조니!"

조니가 웃었다. "그만큼 얻으려면 여러 번 가야겠는걸!" 그가 말했다. "노력해볼게."

11
다시 벅스 로드로

　　겨울이 지나자 조니 가족은 다시 펜실베니아로 돌아가게 되었다. 인디애나는 조니의 아버지와 어머니가 기대한 것과는 달랐다. 어머니는 처음부터 그곳에 가는 것을 탐탁지 않게 여겼던 터에 실제로 가보니 점점 더 불만스러울 뿐이었다. 지난 겨울은 실망에 실망이었고, 가족들이 계속해서 병들어 누웠다. 힘든 겨울이었다.

　특히 더 힘들었던 것은 그 겨울에 존 할아버지가 돌아가신 것이다. 그들은 리스버그 묘지에 할아버지를 묻었

다. 조니는 할아버지가 그리웠다. 그 친절한 할아버지의 귀염둥이였던 조니는 이제 할아버지가 없는 삶을 상상하기 어려웠다.

조니는 할아버지 무덤 옆에 서 있었다. 화강암 비석에는 할아버지 이름이 새겨져 있었다.

여기에 존 워너메이커 묻히다

조니는 목이 울컥했다. 존 워너메이커. 그는 마음속으로 다짐했다. '제가 살아있는 한 할아버지 이름은 사라지지 않을 거예요. 저도 할아버지처럼 훌륭한 사람이 되겠어요.'

그는 할아버지의 말을 떠올렸다. "머리를 쓰고, 시도해 보고, 노력하고, 그리고 하나님을 의지해라. 그러면 넌 인간이 할 수 있는 일이라면 무엇이든 할 수 있을 거야."

할아버지는 더 이상 그들과 함께 있을 수 없었지만, 새 남동생이 태어났다. 그 겨울에 작디작은 프랜시스 매리온이 태어났다. 그러나 그 이후로 조니 어머니는 건강을 회복하지 못했다.

"이곳은 항상 찬바람이 불어서 내가 기운을 얻지 못하

는 거야." 어머니가 슬프게 말했다. "너희들이 여기 있으면 고된 노동밖에는 할 게 없구나. 여기오면 근방에 학교가 있어서 너희들이 공부를 계속할 수 있을 줄 알았는데. 고향이 더 나았어. 나는 친구들과 친척들이 보고 싶어 못 견디겠어."

그래서 조니 아버지는 아무런 이득을 보지 못한 그의 작은 농장을 팔았다. 그리고 펜실베니아로 돌아갈 준비를 했다.

"우리와 함께 가실 거예요?" 조니가 엘리자베스 할머니에게 물었다. "할머니를 여기 두고 떠나기 싫어요. 여긴 살기가 너무 힘들어요."

그녀는 고개를 저었다. "우린 여기서 살 거야! 영 존은 농장을 좋아해. 인디애나는 우리에게 잘 맞아."

엘리자베스, 영 존 그리고 수잔과 또다시 작별인사를 하는 게 슬펐다. 하지만 제이콥과 벅스 로드에 사는 친구들을 만난다고 생각하니 한편으로 위로가 되었다.

떠났던 이웃이 다시 돌아오자 모두들 반가워했다. 조니가 살던 작은 벽돌집을 샀던 사람이 아직도 거기서 살고 있었다. 그래서 넬슨 워너메이커는 근처에 다른 집을 구했다.

"내가 좋아하고 친한 사람들에게 다시 돌아와서 기뻐요." 조니 어머니가 말했다. "도시에도 가깝고요. 서부에서 통나무집들만 보다가 빨간 벽돌에 대리석 계단이 있는 집을 보니, 정말 예쁘네요. 난 여기가 내 아들들에게 기회가 더 많을 거란 느낌을 떨쳐버릴 수가 없었어요."

제이콥과 어린 존 롱과 그의 부모, 코체스퍼거 할아버지와 할머니, 코체스퍼거 삼촌들, 숙모들, 사촌들이 모두 환영해주었다. 그리고 성대한 잔치를 베풀었다. 조니는 이렇게 맛있는 소시지, 햄, 베이컨은 처음 맛보는 것 같았다. 모두 할아버지의 훈제실에서 가져온 것들이다. 게다가 할머니는 네덜란드식 오븐에 마른 과일로 만든 파이를 구워주었다.

조니 아버지는 가까운 벽돌 공장에서 일자리를 구했다. "존 할아버지께서 그 벽돌 공장을 소유했을 때만은 못하지만 일자리가 필요하니 어쩌겠어요. 보수는 적지만 생활비는 감당할 수 있으니까." 그가 조니 어머니에게 말했다. "당신은 여기서 더 행복할 거예요."

"그래요, 넬슨. 언젠가는 형편이 풀릴 거예요." 그녀가

그는 구두를 손에 들고 맨발로 걸어갔다.

명랑하게 대답했다.

조니가 그 말을 들었다. "저도 도울 수 있어요." 그가 들뜬 마음으로 말했다. "저는 이제 열세 살이에요. 다 컸어요. 일자리를 구할 수 있어요."

그 의욕에 찬 소년을 보며 아버지가 미소를 지었다. 조니가 계속 말했다. "조금 있으면 저도 진흙 반죽을 이길 수 있어요. 그러면 아버지나 할아버지처럼 벽돌 만드는 법을 배울 수 있어요."

"하지만 그런 일은 너에게 맞지 않아." 어머니가 말했다. "난 네가 학교에 가서 목사가 되는 공부를 하기 바랐는데……"

"아직 생각할 시간은 많아요." 조니가 빙긋이 웃었다. "벽돌 공장에 가기 전에 먼저 도시에 가서 제가 할 수 있는 일이 있는지 알아보고 싶어요."

"아버지 옛 친구인 존 네프에게 찾아가 봐라. 그는 도시에 사니까 벽돌 공장 일자리보다 더 나은 뭔가를 알지도 모르지."

존 네프는 더 나은 것을 알고 있었다. "브라운과 라브 법률 회사의 브라운 씨가 사환을 구한다고 했어. 그 자리에 들어가는 게 어떠니, 존? 넌 머리가 좋고 빨리 배우니까. 넌 이다음에 변호사가 될 수도 있어. 나도 네 어머니와 같은 생각이야. 넌 가능성이 많은 아이야. 벽돌 만드는 것보다 더 나은 일을 할 수 있어."

"변호사라고요!" 조니가 소리쳤다. "그런 생각은 한 번

사환: 사무실에서 잔심부름하는 소년

도 안 해봤어요. 하지만 좋은 생각인 것 같아요. 괜찮으시다면 제가 브라운 씨를 찾아갈게요."

조니는 그 일자리를 얻었다. 일주일에 1달러를 받기로 했다. 그는 의욕이 생겼다. 법률사무소는 아침 일찍 문을 열고 늦게 문을 닫았다. 조니는 바닥을 쓸고 먼지를 털고, 서류를 모아서 차례로 정돈하고, 사무실 문을 잠그고 바깥에 심부름하러 다니는 일을 했다.

집에서부터 시골 길을 한참 걸어서 사무실에 다니고, 도시의 자갈길로 심부름을 가는 동안 조니의 구두가 다 닳아버렸다. 그래서 그는 구두를 더 오래가게 만드는 꾀를 생각해냈다.

그는 구두를 손에 들고 맨발로 걸어갔다. 도시에 들어가면 그는 못 쓰는 종이로 발에서 먼지와 진흙을 닦아내고 구두를 신었다. 밤이면 그는 필라델피아 자갈길 끄트머리까지 와서 구두를 벗어서 집까지 들고 갔다.

크리스마스가 왔다. 상점 거리에 늘어선 가게들은 알록달록 장식을 했다. 이제 그는 심부름하는 사환으로만 계속 있을 수는 없다고 마음먹었다.

"뭔지는 몰라도 상점만 보면 마음이 끌려요." 그가 어머니에게 설명했다. "상점 진열장을 그냥 지나칠 수가 없어요. 상점에 가서 일자리를 구해보겠어요."

린피콧이란 주인이 소유한 어느 옷 가게에 물건을 진열하고 자잘한 일을 해줄 소년을 구한다는 광고가 붙어 있었다. 조니는 용기를 내서 그 안으로 들어갔다. "열심히 일하겠습니다." 그가 말했다. "일찍 출근해서 늦게 퇴근하겠어요. 일주일에 2달러 반만 주신다면요!"

린피콧 씨가 놀란 것 같았다. "네 나이 소년에게 그건 비싼 보수야!"

조니가 최대한 상냥하게 미소를 지었다. "그렇지 않습니다." 그가 공손하게 말했다. "다른 소년들에게 그 값은 비쌀지 몰라도, 저에게는 조금도 비싸지 않습니다. 그 돈이 조금도 아깝지 않도록 일하겠습니다."

"배짱이 대단하군." 가게 주인이 빙그레 웃었다. "그럼 자네를 한번 시험해보지. 그 보수로 말이야."

조니는 새 일자리가 매우 좋았다. 언제든지 할 일이 보였다. 그는 자기가 맡은 일 외에도 스스로 나서서 다른 일을 했다.

출근: 일하러 나오는 것, 퇴근: 일을 끝내고 돌아가는 것

가게 점원들은 손님들이 많아서 바쁘고 피곤할 때면 때때로 조니가 그들의 일을 대신 해주어 좋아했다. 그러나 가게에 손님이 없어 텅 비어 있을 때면 그들이 얼마나 게으르고 조니가 얼마나 열심히 일하는지가 금방 드러났다. 그럴 때면 그들은 뽀로통해졌다.

그 가게에서 한 블록을 더 가면 더 큰 옷 가게가 있었다. 타워홀이었다. 어느 날 조니가 점심을 먹으며 그 앞을 지나가다가 진열장을 들여다보았다. 가게 주인 커널 베넷은 린피콧 씨와 다르게 일을 했다. 조니는 커널 베넷이 일을 더 잘한다고 생각했다.

어느 따뜻한 날 린피콧 씨가 진열장에 두꺼운 모직으로 된 겨울옷을 진열했다. 조니는 더 이상 보고만 있을 수가 없었다.

"린피콧 씨." 그가 아주 공손하게 말했다. "오늘처럼 더운 날 사람들이 저 무거운 모직옷을 사고 싶어 할까요?"

린피콧 씨가 그를 빤히 쳐다보았다. "난 저 모직옷을 팔아야 해." 그가 쏘아붙였다. "날씨가 덥든 춥든 상관 없어. 팔아야 하니까."

"하지만 가벼운 옷들도 있지 않습니까? 그걸 진열해놓

으면 어떨까요?"

"별 엉뚱한 소리 다 듣겠네!" 주인이 소리쳤다.

"타워홀의 커넬 베넷은 비가 오면 비옷과 우산을 진열합니다. 눈이 오면 부츠를 진열하고요. 더운 날에는 부채

"이런 건방진 녀석 같으니!"

와 양산을 내놓아요. 거기에는 손님이 아주 많아요! 우리도 손님들이 원하는 물건을 진열하면 장사를 더 잘할 수 있습니다."

"이런 건방진 녀석 같으니!" 린피콧 씨가 화가 나서 말했다.

"커널 베넷이 그렇게 똑똑하거든, 당장 거기 가서 일자리를 구해. 우린 네가 필요 없어. 네가 그렇게 똑똑하다면, 언젠가는 내 경쟁자인 타워홀 가게에 네 이름이 붙어 있겠군! 그 가게에나 가서 장사를 어떻게 하는지 이러쿵저러쿵 늘어놓으라고. 난 너 없이도 얼마든지 잘할 수 있어!"

조니는 천천히 가게 뒤쪽으로 갔다. 그리고 앞치마와 소매 덮개를 벗고, 자신의 초라한 외투와 모자를 썼다. 그는 천천히 가게 밖으로 걸어나갔다. 점원들이 모두 그를 쳐다보며 빙긋이 웃는 것을 알았다. 내 그럴 줄 알았다는 듯한 표정이었다.

그러나 그는 잘난 체하려고 그런 것이 아니었다. 단지 가게에 손님이 더 들어오게 만들어 린피콧 씨를 도와주고 싶었을 뿐이다.

"난 타워홀에 내 이름 붙는 거 원하지 않아. 만일 내 이름으로 가게를 한다면, 그건 지금까지 본 가게와는 다른 가게가 될 거야. 새로운 종류의 가게. 그래, 바로 그거야!" 그는 길을 걸어가며 혼자 중얼거렸다.

   소매 덮개: 일할 때 소매가 더러워지지 않도록 끼우는 헝겊

자기도 모르는 새 조니는 타워홀로 곧장 가고 있었다. 그는 들어가서 커널 베넷 씨를 찾았다.

　"여기서 일하고 싶습니다." 조니가 말했다. "베넷 씨가 진열장에 물건 진열하는 방법이 좋다고 생각했습니다. 신문에 낸 광고도 좋다고 생각합니다."

　커널 베넷이 그 소년을 빤히 쳐다보았다. "네가 그것들을 그렇게 유심히 보았단 말이냐?" 그가 물었다. "그렇다면 우리 가게에서 도움이 되겠구나. 당장 일을 시작해라. 외투를 벗고 일을 시작해."

12
위대한 상인

1876년 필라델피아 사람들은 모두 흥분해 있었다. 그 도시가 백 년이 된 날을 기념하고 있었다. 독립선언문에 서명한지 백 년이 지나는 동안 그 도시는 성장하고 발달했다. 그러나 사람들을 들뜨게 만든 것은 백 주년 행사만이 아니었다.

존 워너메이커는 그 기념 행사가 열리는 지점 옆에 거대한 창고 건물을 구입해서 상점으로 개조를 했다. 미국 전 지역에서 많은 사람들이 그 기념 행사를 보러 모여

개조: 건물의 구조를 바꾸어 새로 단장하는 것

들었다. 그리고 그들 대부분 존이 개점한 "그랜드 디포"의 손님이 되었다. 사람들은 그 상점이 시내에서 너무 멀리 떨어져있어 손님들이 계속 갈 수는 없을 것이라고 생각했다. 그러나 백 주년 기념 행사가 끝난 뒤에도 손님들은 계속해서 "그랜드 디포"에서 물건을 샀다. 워너메이커 씨가 물건의 종류를 점점 더 늘렸기 때문이다.

1877년 어느 여름날 아침 제이콥 롱의 아내가 신문을 펼치더니 감탄사를 발했다. "여기 봐요, 제이콥. 당신 사촌이 무슨 일을 했는지 보라고요!"

제이콥이 신문을 받았다. 그리고 안경을 치켜 올렸다. 그는 아직 마흔이 채 안 되었으나 대머리에 시력이 나빴다.

"바로 여기요!" 아내가 손가락으로 짚었다. "안경 없어도 다 보여요. 한 면 전체가 조니 워너메이커의 광고라구요! 이런 건 난생 처음 봐요!"

"처음이지." 제이콥이 맞장구를 쳤다. "조니는 딱 그런 사람이야. 자기 상점을 그랜드 디포라고 이름 붙인 거 봐요. 거창하게 들리지 않아요?"

"이름만 그런 가요? 내가 보기엔 실제로 거창해요. 이 광

그랜드 디포: '아주 큰 창고'라는 뜻

고를 보면 필요한 물건은 무엇이든 여기서 살 수 있다고 되어 있어요. 한 건물에서 말이죠." 그녀가 광고를 유심히 들여다보았다. "정말 그럴까요? 만일 그렇다면, 이 가게에서 저 가게로 터덜터덜 걸어 다니지 않아도 되겠어요."

"이것 좀 들어봐요." 제이콥이 미소를 지으며 말했다. "존의 아이디어를 못마땅하게 여기는 경쟁자들이 낸 광고예요. '우리는 이 도시의 어느 상인이 한 가게에서 고등어부터 고급 구두까지 모두 살 수 있다고 광고를 냈다는 말을 들었습니다. 우리는 부디 그 많은 물건들이 서로 뒤죽박죽 되지 않기를, 그래서 고급 구두를 고등어 통조림에다 넣는 일이 없기를 간절히 바랄 뿐입니다!'" 제이콥이 웃었다.

그의 아내가 식탁에서 일어섰다. "할인 판매 이벤트에 가야겠어요." 그녀가 선언했다. "같이 가겠어요? 혹시 따라갔다가 상점 안에서 길을 잃어버릴까 겁이 나세요?"

"길을 잃는 건 겁나지 않아요." 제이콥이 미소를 지었다. "하지만 돈지갑은 집에 두고 가야겠어요. 한 건물 안에 없는 물건이 없다면 당신은 보는 것마다 그게 꼭 필요하다고 할 테니 말이에요."

마침내 그들이 상점 가까이에 가니 길에 사람들이 북적거렸다. 모두 같은 방향으로 가고 있었다.

"모두 이 새로운 종류의 상점에서 물건을 사려는 것 같아." 제이콥이 말했다. "우린 그저 사람들만 따라가면 되겠군."

그들은 길모퉁이를 돌아 체스넛 스트리트로 들어갔다. 거기에 그랜드 디포가 있었다!

"알고 보면 참 좋은 이름이야." 제이콥이 껄껄 웃었다. "조니는 자기가 원하는 만큼 큰 가게를 구할 수가 없어서 낡은 화물 창고를 사서 완전히 새로 뜯어 고쳤지."

사람들이 너무 많아 출입구에 들어갈 때 서로 부딪혔다. "이렇게 화려한 상점을 짓다니 얼마 가지 않아 망하겠군." 어떤 사람이 말했다.

함께 있던 여자가 웃었다. "완전히 새로운 것을 시도한 사람에게 질투가 난 모양이군요. 하지만 난 이 상점이 좋아요. 이제 쇼핑이 재미있게 됐거든요!"

제이콥은 아내와 주변을 둘러보았다. "뒤죽박죽인 물건은 하나도 없어요." 롱 부인이 놀라며 감탄했다. "모두 제자리에 잘 정돈되어 있어요. 여자 옷은 여자 옷대로, 구두는 구두대로, 식료품은 식료품대로 모두 모아 놨어요. 정말 근사해요!"

그들은 상점 한 가운데서 존 워너메이커를 발견했다. 그는 손님들과 악수하며 모두에게 미소를 짓고 있었다.

제이콥이 사람들을 비집고 들어갔다. "안녕, 조니!" 소음이 시끄러워 그가 소리 높여 불렀다.

"제이크!" 조니가 사촌을 보자 반가워했다. 그들은 악수를 했다. "두 사람 다 와줘서 반가워. 내 가게 어때요?"

"축하해요, 조니! 당신이 늘 말하더니 이제 해냈군요. 모든 물건을 한 곳에서 팔 수 있는 가게 말이에요. 향수까지도. 물론 향수도 있겠죠?"

두 남자가 웃었다. "최고급 향수지요." 조니가 대답했다. "집에서 만든 게 아니에요. 유럽 수입품이죠. 보여드릴 테니, 이리 오세요."

그들이 카운터로 걸어가자 거기에는 향수와 화장품들이 진열되어 있었다. 제이콥은 벽에 붙여진 벽보를 보았다. "저게 도대체 뭔가?"

"내 구호야. 유익한 충고를 한눈에 볼 수 있도록 붙여놓기로 했어. 그러면 점원들이 손님을 어떻게 대해야 하는지 배울 수 있을 테니까." 그가 한 개를 가리켰다.

손님은 반드시 만족해야 한다

제이콥이 껄껄 웃었다. 그는 조니가 어릴 때 실을 사러 갔다가 겪은 좋지 않은 경험을 들었었다.

"이것 참 좋은 구호군요." 제이콥의 아내가 한 벽보를 턱으로 가리켰다.

모든 사람에게 동일한 가격

그녀가 말했다. "그렇게 되면 흥정하는 재미는 없겠어요. 하지만 손님들이 안심하고 물건을 살 수 있겠군요."

"이건 어때? 진짜로 이렇게 할 건가?" 제이콥이 물었다. "자네가 파는 모든 물건에 대해 손님들에게 사실 그대로 말해 줄 건가?"

그 벽보에는 이렇게 써있었다.

모든 상품 설명은 정직합니다. 만일 모직이라고 써 있으면 100% 모직에 한 마입니다.

"그럼." 조니가 대답했다. "난 결심했어. 손님들이 물건을 살 때 실제로 자기가 어떤 물건을 사는지 알아야 해."

"그렇게 하면 손해보지 않겠어, 조니? 다른 상인들은 자

"아, 여기 향수가 있어요."

네가 망할 거라고 하는데."

"두고 보면 알겠지. 아, 여기 향수가 있어요." 그가 향수 병을 집어서 들어 보였다. "난 어린 시절에 물건을 팔아본 경험에서 많은 것을 배웠어."

"이건 마치 구식 잡화상 같은 상점이야. 크기만 아주 클 뿐이지." 제이콥이 말했다. "홀소플 씨 가게에서 얼마나 다양한 물건들을 샀었는지 기억해?"

"그 가게에서 아이디어를 얻었어." 조니가 말했다. "이웃에 사는 사람들은 필요한 물건이 있으면 모두 거기 가서 샀지. 서로 다른 물건을 사려고 이 가게 저 가게로 돌아다닐 필요가 없었어."

"여기서는 전 세계에서 수입된 물건을 모두 살 수 있군요." 제이콥의 아내가 감탄했다.

"그럼요. 직원들을 전 세계로 내보내서 가장 질 좋은 물건을 사오게 한답니다." 조니가 말했다. "그러니까 우리 손님들은 여기서 물건을 살 때 시간도 절약하고 노력도 절약하지요. 물건을 진열한 선반 사이에 있는 둥그런 탁자들 보셨어요?"

"아, 저기서 사람들이 식사를 하고 있군요!" 제이콥의 아내가 말했다. "그럼 여기에는 식당도 있단 말인가요? 그런 말은 난생 처음 들어봐요!"

"가서 뭘 좀 드시지요." 조니가 말했다. "나는 잠깐 실례해야겠습니다. 여기 이 카운터에 물건이 떨어지고 없으니 더 갖다 놓으라고 지시를 해야겠습니다."

13
축복을 많이 받은 사람

1911년 10월 어느날 저녁 워너메이커 씨는 자기 상점에서 열리는 파티에 가려고 옷을 입고 있었다. "오늘밤에는 우리 가게를 열지 않아요." 그가 하인에게 말했다. "우리 가족과 직원 가족들만 모이기로 했어요."

하인이 빙그레 웃었다. "그것만 해도 상당히 많은대요, 워너메이커 씨. 엄청나게 많은 가족이에요!"

워너메이커 씨는 아내를 생각했다. 아내는 힘들었던 오랜 세월 동안 자기를 도와주었었다. 아, 지금 아내가 함께

이 파티에 갈 수 있다면…….

"50년!" 그가 말했다. "내가 장사한지 50년을 기념하는 파티라니!"

그는 마차에서 내려 새로 지은 상점 건물로 들어갔다. 그 거대한 건물을 올려다 보았다. 별빛이 반짝이는 밤하늘에 8층짜리 건물이 우뚝 서 있었다. 1층에는 성대한 홀이 있었다. 그 어느 상점에도 없었던 것이다! 홀 가장자리를 둘러서 높은 발코니가 있다! 오르간도 있다! 그는 서둘러 들어갔다.

발코니에는 그가 앉을 자리가 마련되어 있었다. 그의 아들들, 손자들, 형제들, 사촌들, 그리고 수백 명의 친구들이 와서 모두 그를 기다리고 있었다. "축하합니다!" 그들이 소리쳤다. "정말 훌륭한 상점입니다!"

워너메이커 씨가 아름다운 장식을 둘러보고 미소를 지었다. 올해는 정말 멋진 해였다. 이제 한 해가 거의 저물고 있었다.

"너희 지난 11월에 이 건물 봉헌식에 태프트 대통령이 오셔서 축하 연설 해주신 것 기억하니?" 그가 아들들에

봉헌식: 건물을 짓고 처음 여는 날 하는 기념식

게 물었다.

로드만과 토마스가 끄덕였다. "대단한 영광이었어요." 로드만이 말했다. "하지만 아버지가 이 나라에 공헌을 많이 하셨죠. 우체국장도 하셨으니까요."

"그리고 아버지는 가게 경영에 많은 변화를 가져오셨어요." 토마스가 덧붙였다. "제가 어릴 때는 가게들이 밤 늦게까지 열려 있었어요. 특히 토요일에는 밤 열두 시까지 열었어요. 하지만 아버지가 밤 시간을 없애셨죠. 토요일을 반공휴일로 하는 것을 누가 생각이나 했겠어요? 아버지가 시작하셨잖아요. 그리고 여름에는 직원들에게 토요일을 완전히 쉬게 하셨어요. 유급휴가도 처음 시작하셨고, 나이든 직원들에게 연금도 주셨어요. 그러니 미국 대통령이 사업장 봉헌식에 와서 연설하는 게 놀라운 일이 아니죠."

음악 소리에 대화가 멈추었다. 그들은 고개를 돌려 아래쪽 홀을 내려다보았다. 악단이 믿는 사람들은 주의 군사니"를 연주하고 있었다. "워너메이커 씨가 제일 좋아하는 노래였다. 그가 고맙다는 듯이 미소를 지었다.

연금: 일자리에서 물러난 노인들에게 주는 돈

그리고 행렬이 있었다. 사람들이 일렬로 서서 홀로 들어왔다. 맨 앞에는 머리가 희게 센 남녀 노인들이 들어왔다. 그들은 오랜 동안 워너메이커 씨를 위해서 일했다. 그들 뒤로 젊은 직원들이 따라왔다. 맨 끝에는 새로 들어온 직원, 경비, 엘리베이터 사환들이었다.

워너메이커 씨가 흡족스럽다는 듯 고개를 끄덕였다. 그 날 밤 직원들 6,500명이 그 큰 홀에서 행진을 했다.

행진이 끝나자 워너메이커 상점이 어떻게 발전했는지를 보여주는 연극이 있었다.

"저기 내가 있군!" 그 위대한 상인이 빙그레 웃었다. 한 젊은이가 조니처럼 옷을 입고 나왔다. 그가 제일 첫 번째 가게를 열었을 때였다. "첫날 아침, 가게 문 열기 전에 바닥에 떨어진 톱밥과 대팻밥, 나무토막을 줍느라 바빴지. 바로 저 청년처럼."

연극이 끝나자 워너메이커 씨가 짧게 연설을 하고 모든 직원에게 감사를 했다. 그는 자리에 앉으면서 행사가 모두 끝났다고 생각했다. 그러나 그가 잘못 짚은 것이었다.

어린 소녀가 흰 드레스에 파란 리본을 허리에 두르고 발코니로 올라왔다. 손에는 큰 책이 들려있었다. 그 소녀가 무릎을 굽혀 인사를 하더니 그 책을 전해주었다. "워너메이커 씨의 큰 상점 직원들이 희년책을 선물로 드립니다." 소녀가 말했다. "워너메이커 씨를 얼마나 사랑하는지 전해드리고 싶어서 이 책을 만들었어요. 이제까지 아무도 하지 않은 좋은 일을 많이 하셨어요. 좋은 점원이 되도록 가르쳐주시고, 친절하게 대해주셨어요."

소녀는 갑자기 당황한 듯 두리번거렸다. 다음 말을 잊었던 것이다. 모두 격려하는 미소를 지어 보였다. 그러자 소녀는 다시 할 말을 기억해 내고 말을 이었다. "직원들에게 점심 식사할 수 있는 방을 지어주셨어요. 휴게실도 지어주셨어요. 휴가도 주셨어요. 제 할아버지가 연세가 많아지자 일을 안 해도 계속해서 보수를 주셨어요. 그래서 할아버지가 일을 하지 않고도 필요한 것들을 살 수가 있었어요. 이 책을 받아주세요."

워너메이커 씨가 미소를 지었다. 그러나 그가 책을 받을 때 눈에는 물기가 서렸다. 그 책에는 필라델피아와 뉴욕, 그리고 해외 여러 나라에서 근무하는 직원들 13,000명의 이름이 쓰여 있었다. 모두 다 워너메이커 씨가 그들에게

희년: 50년마다 한 번씩 돌아오는 축제일

어떤 좋은 일을 해주었는지 한 마디씩 썼다.

아직 한 가지가 더 남았다. 제일 나이 많은 직원이 발코니로 올라왔다. "저희 사랑의 표시로 드립니다." 그가 봉투를 내밀었다. "직원 가족들의 선물을 받아주십시오. 저희의 감사를 표현할 수 있는 유일한 선물입니다."

그는 감동해서 손이 떨렸다. 워너메이커 씨가 봉투를 열었다. 그리고 두꺼운 종이를 꺼내서 접힌 부분을 펼치고 거기에 써 있는 글을 읽었다. 그것은 자기가 태어났던 작은 집이 서 있던 땅의 땅문서였다.

워너메이커 씨 얼굴이 환하게 빛났다. 그가 감사의 말을 전하자 모두 조용히 들었다. "이것은 제가 받을 수 있는 최고의 선물입니다." 그가 말했다. "저는 이 땅을 모든 사람을 위해서 사용하고 싶습니다. 제가 어릴 때 그 땅은 시골이었지만 지금은 필라델피아 도시가 되었습니다. 우리 모두 즐길 수 있는 목적으로 이 땅을 사용하겠습니다."

마침내 축하 잔치가 끝났다. 워너메이커 씨는 아이들과 손자들에게 입을 맞추고 친구들과 악수한 뒤 그들을 돌려보냈다.

"여기 잠깐 혼자서 있고 싶습니다." 그가 말했다. "생각을 하고 싶습니다."

홀에는 아무도 없었다. 발코니 사람들도 모두 떠났다. 그 상인은 혼자 남아 아름답게 장식된 홀을 내려다보았다. 세계에서 가장 큰 백화점이었다. 그의 마음은 감사와 감동으로 북받쳤다.

"아, 나는 얼마나 축복을 많이 받았는가!"

여러분, 기억하나요?

1. 조니는 어머니께 드릴 크리스마스카드 종이를 어떻게 샀나?

2. 조니와 제이콥은 학교에 가져갈 감자를 어떻게 구했나?

3. 조니는 학교에서 세인트 패트릭의 날을 어떻게 기념했나?

4. 조니는 실을 사러 갔다가 어떤 안 좋은 경험을 했나?

5. 조니는 어떤 과정으로 자기 성경책을 소유할 수 있었나?

6. 조니와 제이콥은 향수를 만들려다가 어떤 곤경에 빠졌나?

7. 조니는 어쩌다가 깨진 달걀을 사게 되었나? 그것을 어떻게 사용했나?

8. 조니와 윌리는 인디애나의 할아버지 농장에서 수확한 사과와 채소를 어떻게 팔았나?

9. 조니 가족은 왜 펜실베니아로 돌아갔나?

10. 조니는 법률사무소에서 어떤 일을 했나?

11. 조니는 왜 그 일을 그만두고 옷 가게로 일자리를 옮겼나?

12. 조니의 그랜드 디포는 지금까지의 상점과 어떻게 달랐나?

13. 조니는 어떤 구호들을 벽에 붙여 놓았나?

14. 조니는 직원들에게 어떤 특별한 대우를 해주었나?

존 워너메이커가 살던 시절

1838	7월 11일 필라델피아에서 태어났다.
1857	YMCA(기독교 청년 연맹) 최초의 풀타임 비서로 일했다.
1859	당시 미국에서 제일 큰 주일학교인 베다니 주일학교를 설립한 뒤, 평생 그곳에서 성경공부를 가르쳤다.
1860	에링거 브라운과 결혼했다.
1861	오크홀 남성복 상점을 개업했고, 그해 남북전쟁이 일어났다.
1869	두 번째 상점인 존 워너메이커 회사를 시작했다.
1870	1883년까지 YMCA 회장으로 일했다.
1876	최초의 백화점 "그랜드 디포"(the grand depot)를 개업했다.
1878	일정 기간 동안 특정 상품 판매를 늘리기 위한 "화이트세일"을 처음으로 단행했다.
1880	상점으로서는 최초로 토마스 에디슨이 발명한 전등을 설치했다.
1889	우정국장이 되었고, 퍼스트 페니 은행을 설립했다.
1896	상점을 뉴욕으로 확장했다. 적극적 홍보 및 고객이 원할 때 언제든지 물건값을 환불해주는 제도와 직원 혜택 제도를 최초로 시행했다.
1899	소년 소녀들에게 음악과 군사훈련을 위한 캠프 워너메이커를 설립했다.
1908	우리나라를 포함해서 전 세계 곳곳에 YMCA 건물을 짓도록 후원했다.
1922	12월 12일 세상을 떠났다.

 **자유이야기** 당신은 아는가 자유를 위해 치른 그 고귀한 희생을! 실제있었던 소설 같은 이야기. 중세 몰락의 시발점에서 신세계 발견에 이르기까지, 목숨을 걸고 자유와 진리를 고수하려던 이름없는 사람들의 이야기. 이 책에서 우연히 일어나는 사건이라고는 찾아볼 수 없을 것이다.

 **마그나 카르타** 존왕과 대헌장 이야기
존왕과 귀족들을 중심으로, 십자군 원정의 영웅 사자왕 리차드, 의적 로빈훗과 그 일당. 의역과 악역이 따로 없으며, 승패의 예측을 불허하는 중세유럽의 대서사시. 말로만 듣던 중세 유럽의 봉건제도란 바로 이런 것이었다.

 **메이플라워호를 타고 온 사람들**
양심을 타협하기 거부했던 사람들은 자유를 찾아 방랑하는 도망자가 된다. 온갖 역경 끝에 신세계의 황무지에 정착하자, 질병과 굶주림의 절반의 목숨을 앗아간다. 미국 탄생 속에 숨겨진 가슴 뭉클한 실화.

 **아메리카 대장정** 사상 최초의 북미대륙 횡단기
역사상 최초로 북미대륙을 횡단한 루이스와 클락의 탐험이야기. 한계를 모르고 도전하는 인간의 모험심, 두려움을 거부하는 불굴의 용기, 역경을 정복하는 인간의 의지력. 미국 서부개척정신의 진수를 보여준다.

 **푸어 리차드-벤자민 프랭클린 이야기**
세상에서 가장 많이 읽히는 자서전의 주인공. 정직, 근면, 검약을 신조로 맨손에서 자수성가하는 아메리칸 드림의 원조. 가난한 인쇄공에서 국가 최고 지도자가 되고, 서민의 친구이자 혁명가가 된 양키 중의 양키

 **참 잘했어요** 친척들이 모인 날 티미는 왜 코피가 터졌나? 죄를 우습게 보는 것이 왜 위험한가?

 **좋은 친구** 피터는 또래집단의 압박을 어떻게 극복했나? 진짜로 좋은 이름은? 5달러짜리 야구 글러브보다 더 중요한 것은?

 **이럴 땐 어떡하죠?** 어리석은 농담이 어떤 안 좋은 결과를 가져왔나? 쇼핑몰에 간 티미는 어쩌다가 길을 잃어버렸나?

 **선교지 이야기** 실제 일어난 놀라운 이야기들. 선교사들은 어떻게 위험을 모면했는가? 왜 주님을 위해서 죽음을 선택했는가?

존 워너메이커: 백화점왕이 된 아이
발행일 2015년 12월 15일
지은이 올리브 버트 • 그림 해리 리스 • 옮긴이 오소희
편집 이윤숙 • 디자인 안성현 알리사
발행처 리빙북 경기도 군포시 오금로 34 380-1504
이메일 livingbook.kr@hanmail.net
전화 070-7883-3393 팩스 031-943-1674
은행계좌 국민은행(예금주:리빙북) 639001-01-609599
출판등록 제399-2013-000031호
이 책의 내용을 사용하시려면 반드시 출판사의 허가를 받으시기 바랍니다.
책값은 뒤표지에 있습니다
© 1952 Olive W. Burt
© 2015 Living Book
ISBN 978-89-92917-551
     978-89-92917-537 (세트)

livingbook.kr